74013 11,60

0,50

Oswald von Nell-Breuning

Worauf es mir ankommt

Oswald von Nell-Breuning

Worauf es mir ankommt

Zur sozialen Verantwortung

Herder

Freiburg · Basel · Wien

Umschlagfoto: KNA

Herstellung: Freiburger Graphische Betriebe 1983
ISBN 3-451-19950-5

Vorwort

Die sehr freundliche Aufnahme, die fünf von mir in den Jahren 1980 bis 1982 gehaltene Vorträge gefunden haben, ließ beim Verlag Herder den Gedanken reifen, sie zu einem Bändchen zusammenzufassen, um sie in dieser Gestalt weiteren Kreisen zugänglich zu machen.

Gern gehe ich auf diesen Gedanken ein, zumal da auch ich den Eindruck habe, sie seien in der Tat geeignet, dem Leser zu verdeutlichen, worauf es mir entscheidend ankommt, was mir im Dienste Gottes und der Mitmenschen besonders wichtig erscheint, und wie ich zu meinem Teil versuche, zu diesem Dienst beizutragen.

In diesem Sinne füge ich einen Aufsatz bei, der ursprünglich dazu bestimmt war, nach meinem Tod einige Mißverständnisse auszuräumen, die sich um mich und meine Haltung gebildet hatten. Als sich jedoch die Vollendung meines 90. Lebensjahres näherte, glaubte die Schriftleitung der „Stimmen der Zeit", meinen Tod nicht abwarten zu sollen und erbat meine Zustimmung, den Aufsatz vorzeitig zu veröffentlichen; so erschien er denn zu meinem Geburtstag; er hat in erfreulichem Maß aufklärend und bereinigend gewirkt. Darum schien es mir angebracht, ihn hier im Zusammenhang mit den fünf Vorträgen nochmals abzudrucken; so kann der Leser sich eine zutreffende Vorstellung machen von dem, der in den Vorträgen zu ihm spricht.

Frankfurt am Main – Sankt Georgen,
Kreuzerhöhung 1983

Oswald von Nell-Breuning S. J.

Inhalt

I

Zukunft – Ängste des heutigen Menschen

Von den Themen, die Papst Johannes Paul II. in seiner ersten Enzyklika „Redemptor hominis" behandelt und Gegenstand der Vortragsfolge dieser Festwoche sein sollen, ist mir zugefallen, was der Papst in Teil III., Ziffer 15 und 16 ausführt; davon habe ich zu Ihnen zu sprechen.

Wenn ich es aus der päpstlichen Sprache in die meinige übersetze, dann lautet es so: sind wir Menschen durch die unbestreitbaren und geradezu unvorstellbaren Fortschritte, die wir gemacht haben, wirklich glücklicher geworden, oder stehen wir vielleicht verwirrt, erschüttert, ratlos und verängstigt vor dem, was wir da angerichtet haben, und noch mehr vor dem, was als dessen Folgen auf uns zukommen kann? Wie haben wir als Christen uns dazu zu stellen? – Die uns Rednern gestellte Aufgabe und so auch die meinige am heutigen Abend ist nicht, die Enzyklika zu exegesieren und so die Gedanken, die Johannes Paul II. sich über die ihm so gewichtig erscheinenden Fragen gemacht hat, vor Ihnen auszubreiten und zu entfalten. Wenn ich recht verstanden habe, dann sollen wir vielmehr Fragen von solcher oder ähnlicher Art, wie der Papst sie ganz allgemein und umfassend der *Welt* zu bedenken gegeben hat, *ganz konkret* auf der Grundlage unserer eigenen

---

Vortrag innerhalb der Vortragsreihe zur Enzyklika „Redemptor hominis" von Papst Johannes Paul II. anläßlich des Kölner Domfestes in der Kirche St. Peter in Köln am 20. 8. 1980. – Ursprünglich veröffentlicht in: Rufe in die Zeit, hrsg. vom Presseamt des Erzbistums Köln, Heft 8, S. 67–85.

hiesigen und gegenwärtigen Lage *uns selbst* stellen und versuchen, uns eine ehrliche und christliche Antwort darauf zu geben. Demgemäß habe ich nicht die Gedanken des Papstes Ihnen vorzutragen, sondern meine eigenen und muß ich meine Hörer bitten, damit vorliebzunehmen.

Vorfragen

Eine Frage *vorweg:* darf man überhaupt von „Fortschritt" sprechen? Manche lehnen das Wort als doppelsinnig oder nichtssagend ab. In der Tat verhält es sich mit dem Fortschritt ähnlich wie mit der Ordnung. Beide Wörter klingen für uns *wert*betont, näherhin wert*positiv,* Ordnung gleich rechte Ordnung, Fortschritt gleich Schritt auf dem rechten Weg, auf dem Weg zu höherer Wertverwirklichung. Beide Wörter gebrauchen wir aber auch wert*neutral.* Ordnung begreift auch die *Un*ordnung, Fortschritt auch den *Rück*schritt mit ein. In den Fragen, wie wir sie vom Papst übernehmen, klingt „Fortschritt" zweifellos zunächst wert*positiv* an. Wir unterstellen, wir gehen davon aus, Großartiges vollbracht, bislang unerstiegene Höhen erstiegen zu haben; dann aber werden wir zu unserer Überraschung, ja zu unserer Bestürzung gewahr, daß wir uns dessen doch nicht ganz sicher sind. Der Zweifel beschleicht uns, ob alle diese unsere „Fortschritte" wirklich Fortschritt im wertpositiven Sinne waren oder sind, ja sogar ob nicht am Ende unser ganzes Bemühen ein großer Irrweg war und der beispiellose Erfolg sich am Ende als ein katastrophaler Mißerfolg erweist.

Noch eine Vorfrage ganz anderer Art: *wer* sind denn diese „wir", die wir vom Papst aufgefordert werden, uns selbst diese Fragen zu stellen? Er wünscht ja, daß „wir", das heißt jeder von uns als dieser konkrete Mensch aus seiner konkreten Lage heraus sich diese Fragen stelle und sich eine Antwort darauf gebe. *Wer* aber sind in diesem Falle *„wir"*? In jedem von uns steckt das höhere *und* das niedere „Ich", der Geist *und* das Fleisch. Wer von diesen beiden ist gefragt, der geistige, vom Geist Gottes erleuchtete und geleitete Christ oder der immer wieder zum Unglauben oder mindestens zur Kleingläubigkeit versuchte und für die Sünde anfällige Mensch?

Im Glauben haben wir den festen und untrüglichen Maßstab; mit diesem kommen wir, soweit uns die Tatbestände hinreichend bekannt sind, zu einem sicheren Urteil und erkennen die durch den gegenwärtigen oder jederzeitigen Stand der Dinge uns gestellten Aufgaben. Wer die Dinge im Lichte des Glaubens sieht, der wird von keinem Erschrecken befallen und erfährt keine Ernüchterung, denn er hat sich niemals vom Fortschritt oder von dem, was sich als Fortschritt ausgab, berauschen lassen. Dennoch erweisen auch wir gläubige Christen, denen unser Glaube den sicheren Maßstab bietet, um die Dinge zutreffend und unvoreingenommen zu messen und zu werten, uns immer wieder anfällig für Anwandlungen jener Unsicherheit, jenes Erschreckens, jener Angst, die den Menschen an allem, was die Menschheit als Fortschritt erstrebt und erreicht hat, *irre* macht, ihn keinen Sinn seiner selbst und der Welt mehr erkennen läßt, so daß er an der vermeintlichen Sinnlosigkeit des Daseins verzweifelnd dem Dasein entrinnen, sich selbst auslöschen und vernichten möchte – wenn das möglich wäre.

Dieser Versuchung sieht der Papst *auch uns* ausgesetzt. Um uns gegen diese Versuchung zu wappnen oder, wenn wir uns bereits in ihr befänden, uns aus ihr herauszuführen, uns zu helfen, den Ausweg zu finden, lädt er uns ein, die Dinge *im Lichte des Glaubens* zu erwägen. Nicht als kurzsichtige Diesseitsmenschen, sondern als mit beiden Füßen auf dem Boden des Glaubens stehende *gläubige* Christen sollen und wollen wir seiner Einladung folgend diese Erwägungen anstellen.

Allem voraus aber bemühen wir uns um eine *Tatbestandsaufnahme* und beginnen damit gleich bei uns zu Hause: wie steht es in unserem Lande, in der Bundesrepublik Deutschland? Sind unsere Erfolge uns über den Kopf gewachsen? Machen wir die Erfahrung, daß unsere Erfolge, auf die wir doch nicht ganz ohne Grund uns so viel zugute tun, uns vor Fragen stellen, vor denen wir ratlos wie der Ochs vor dem Berge stehen, oder gar uns mit Folgen bedrohen, an die wir nur mit Schrecken denken können? Genau das ist doch unsere Lage; diese Fragen, diese Besorgnisse stürmen doch geradezu auf uns ein, zunächst nicht als religiöse oder weltanschauliche, sondern ganz elementar und primitiv als ökonomische, soziale und politische Fragen.

Fragwürdig gewordenes „Wirtschaftswunder"

Das Wirtschaftswunder scheint sich ausgelaufen zu haben. Das wirtschaftliche Wachstum ist mehr oder weniger zum Stillstand gekommen. Die Menschen werden unruhig; sie fragen, wie es weitergehen soll. Aber auch schon in den Jahren des erfolgreichen Wiederaufbaus nach dem totalen Zusammenbruch beschlich uns die besorgte Frage, ob das auf die Dauer gut gehen könne. „Nichts ist schwerer zu ertragen als eine Reihe von guten Tagen", sagt ein Spruch alter Volksweisheit.

Wir aber erlebten nicht eine Reihe von guten Tagen, sondern eine Reihe von guten Jahren. Wir mußten uns eingestehen, daß in eben diesen erfolgreichen Jahren, die uns in den Kreis der geachteten Völker zurückführten, der weitgehende *Verfassungskonsens,* aus dem unser Grundgesetz hervorgegangen war, sich zu zersetzen und aufzulösen begann und daß dieser Prozeß der Zersetzung und Auflösung immer weiter fortschritt. Ebenso zerfiel die in den schweren Jahren gemeinsamer Not geübte vorbildliche *Solidarität,* nicht zuletzt die Solidarität zwischen Arbeitgeberschaft und Arbeitnehmerschaft, in dem Maß, wie es uns gelang, uns aus der ärgsten Not herauszuarbeiten; statt dessen lebte der alte Streit um die Anteile am Kuchen des Sozialprodukts wieder auf; anstatt mit dem Wachstum des Kuchens sich zu entschärfen, verschärfte er sich immer mehr und führte zu fortschreitend sich verhärtenden Arbeitskämpfen bis zu den großen Aussperrungen von 1977/78.

Das alles soll hier nicht vertieft werden; zunächst geht es nur um die ganz einfache Tatfrage: sind wir als deutsches Volk in der Bundesrepublik Deutschland oder als Volk in der Gemeinschaft der freien Völker Europas oder der ganzen sogenannten „freien" Welt heute glücklicher daran, oder haben wir uns mit unserem materiellen sowohl ökonomischen als sozialen Fortschritt, das heißt mit der grundsätzlich ohne jeden Zweifel zu begrüßenden wachsenden Beteiligung des Großteils unserer Bevölkerung an materiellen und ideellen Gütern, nicht zuletzt am höheren Schulwesen und dadurch vermittelter höherer Bildung, uns letzten Endes nur *mehr Sorgen* aufgeladen, uns das Leben nicht leichter, sondern nur schwerer gemacht?

Die große Mehrzahl derer, die unseren gehobenen Wohlstand genießen, scheint von der Frage oder Sorge bedrückt zu sein: wird unser Wohlstand in der gewohnten Weise weiter zunehmen, unsere Lebenshaltung entsprechend weiter steigen? Dieser Wohlstand ist für sie zu einem unentbehrlichen *Bedürfnis* geworden; der Genuß dieses Wohlstands, sein Fortbestand und seine ständige Steigerung werden als ein selbstverständliches, keiner Begründung bedürfendes *Recht* beansprucht. Die Erfahrung der jüngsten Zeit, daß zum mindesten der ständige weitere Aufstieg sich nicht ganz von selbst versteht, wirkt beunruhigend auf sie.

Überdies beginnt ihnen auch schon aufzugehen, daß der Weg, auf dem wir bisher gewohnt waren, Vollbeschäftigung und Wirtschaftswachstum zu sichern, mindestens auf die Dauer nicht zum Ziele führt. Mehr und mehr wird den Menschen bewußt, daß der bisher begangene Weg nicht länger oder jedenfalls nicht auf unbeschränkte Dauer gangbar ist. Wer genauer Bescheid weiß, der muß sich eingestehen, daß der Weg, den wir bisher mit voller Überzeugung und mit gutem Gewissen und mit scheinbar überzeugendem Erfolg gegangen sind, uns nahe an den Rand des Abgrunds geführt hat und uns kaum noch ausreichend Bremsweg bleibt, um vor dem Absturz noch einzuhalten. Das ist keine Kleingläubigkeit oder aus menschlicher Schwäche entsprungene, objektiv *un*begründete Angst, sondern ein in harten Tatsachen wohlbegründetes Erschrecken.

Die Beschäftigungsfrage

Dank unserem rasanten technischen Fortschritt verbunden mit immer rationellerer Organisation haben wir die Produktivität unserer Arbeit ständig gesteigert. Um uns mit dem zu versorgen, was wir zu haben gewohnt waren, brauchten wir immer weniger Arbeit; wir konnten die Arbeitszeit verkürzen und haben das getan; soweit die damit gewonnene Freizeit sinnvoll verwendet wurde, bedeutete das unzweideutig einen positiv zu wertenden Fortschritt.

Wir haben aber die Arbeitszeit bei weitem nicht im Gleichschritt mit der gestiegenen Arbeitsproduktivität verkürzt; einen erheblichen Teil der weniger benötigten Arbeitszeit haben wir zur Steigerung der Güterproduktion verwendet. Beides zusammen hat eine Reihe von Jahren ausgereicht, um alle Arbeitskräfte in Beschäftigung zu halten; wir hatten Vollbeschäftigung, ja man konnte von Überbeschäftigung sprechen; die Nachfrage nach Arbeitskräften war größer als das Angebot; wir holten uns Arbeitskräfte aus dem Ausland – ohne abzusehen, welche Probleme für sie und für uns selbst wir damit schufen.

Auf die Dauer aber bereitet die immer weiter steigende Arbeitsproduktivität, anstatt, wie es doch sein müßte und man erwarten möchte, sich als große Erleichterung und damit als echte Wohltat zu erweisen, uns das immer bedrückender werdende *Beschäftigungsproblem,* bedroht uns mit fortschreitender Massenarbeitslosigkeit. Das müßte keineswegs so sein.

In einer *Sustentationswirtschaft,* das heißt einer Wirtschaft, die darauf abzielt, das zu beschaffen, was man für den Lebensunterhalt braucht, in der man nicht lebt, um zu arbeiten, das heißt um die Güterproduktion zu maximieren, sondern arbeitet, um zu leben, um sich das leisten zu können, was man als Lebenshaltung beansprucht, bedeutet jede Ersparnis an Arbeit und Mühe einen Gewinn an Zeit und Gelegenheit für das, was dazu beiträgt, das Leben lebenswert zu machen, zu bereichern und zu verschönern.

Die *bäuerliche Familie,* die ihren Hof bewirtschaftet, freut sich über alles, was ihre Arbeit erleichtert oder verkürzt, wird sich gern alles zunutze machen, was den Ertrag ihrer Arbeit erhöht, um entsprechend weniger arbeiten zu müssen. Die Sorge, durch erhöhte Produktivität ihrer Arbeit arbeits- und erwerbslos zu werden, kennt sie nicht; das kann sie sich überhaupt nicht vorstellen.

Ebenso die *Hausfrau,* die herausfindet, wie sie ihren Haushalt mit weniger Arbeit und Mühe bestreiten kann, wird das als Erleichterung begrüßen und sich zunutze machen. Solange es sinnvoll ist, wird sie einen Teil der erübrigten Zeit für einen „gepflegteren" Haushalt verwenden, nämlich dazu benutzen, ihr Hauswesen freundlicher und gefälliger zu gestalten, im übrigen aber froh sein, sich ihrem Mann und ihren Kindern mehr widmen zu können, die gewonnene Zeit aber auch dazu benutzen, um Tätigkeiten auszuüben, die ihr Freude machen oder durch sie anderen Menschen etwas Gutes tun kann, die sich aber bisher aus Mangel an Zeit versagen mußte; jetzt endlich kann sie außerhäusliche Wirksamkeit in Welt und Kirche entfalten. – Ähnliches gilt von jedem, der *selbständig* erwerbstätig ist.

In unserer Gesellschaft und Wirtschaft bilden die selbständig Erwerbstätigen nur eine Minderheit, die unselbständig Erwerbstätigen, die Menschen in der „Lebenslage der abhängigen Arbeit", die weitaus größere und sich weiter vergrößernde Mehrheit. Für sie verhält sich das alles völlig anders. Zwar sind auch sie in hohem Maß Nutznießer des bereits zurückgelegten, hinter uns liegenden Aufstiegs der Produktivität unserer bzw. ihrer Arbeit, aber der ständig fortschreitende, obendrein sich noch weiter beschleunigende Aufstieg droht ernstlich, ihnen nicht nur die Arbeitsgelegenheit und damit die Gelegenheit zu nützlicher Betätigung, sondern damit zugleich auch die Gelegenheit zum Erwerb des Lebensunterhalts zu rauben. Steigende Arbeitsproduktivität „vernichtet" Arbeitsplätze. Bestehende Arbeitsplätze werden „wegrationalisiert", das heißt durch eine kleinere Zahl von Arbeitsplätzen ersetzt, die genügen, um die gleiche oder meist eine noch höhere Produktionsleistung zu erbringen.

Um dieser Kalamität abzuhelfen, betreiben wir oder haben wenigstens bisher *„Beschäftigungspolitik"* betrieben. Wir bemühten uns, für die Menschen, die durch die gestiegene Arbeitsproduktivität ihre Arbeitsplätze verloren hatten, neue Arbeitsplätze zu schaffen; schon die Erstellung dieser neuen Arbeitsplätze („Investition") schafft „Arbeit" und schafft weitere Beschäftigungsgelegenheit *an* diesen neugeschaffenen Arbeitsplätzen. Da aber das an den alten Arbeitsplätzen Erzeugte ausreichte, um allen vernünftigen Bedürfnissen zu genügen, wird jetzt offenbar *mehr* produziert, wofür oder wonach kein dringender Bedarf besteht und das daher durchaus entbehrt werden könnte; diese um der „Beschäftigung" willen betriebene Mehrproduktion erfordert nun aber einen entsprechend größeren Einsatz von Sachmitteln, Roh- und Halbstoffen sowie Energie.

Solange die Produktivität der Arbeit selbst im Vergleich zu heute minimal war und nur ganz unmerklich stieg, *schien* diese Verfahrensweise unbegrenzt weiterzugehen. Bei dem heutigen Hochstand der Produktivität und erst recht bei ihrem rasant gewordenen unaufhaltsamen Anstieg wird uns plötzlich mit Schrecken bewußt, daß es so nicht weiter geht. Von Rechts wegen hätten wir das vorauswissen können und müssen, aber wir haben eben nicht so weit gedacht. Solche Mengen von Rohstoffen und Energie, wie dieser exponentiell fortschreitende Wachstumsprozeß verschlingt, gibt es auf dieser Erdkugel nicht; selbst für die Abfälle, die sich beim Produktionsprozeß unvermeidlich ergeben, und für die Dinge, die wir wegwerfen, weil wir sie durch neue ersetzen wollen, findet sich bald kein Platz mehr; wir brauchen da gar nicht gleich an den Atom-Müll zu denken, für den verzweifelt nach Lagerstätten gesucht wird.

Noch Papst Johannes XXIII. sah den Zeitpunkt, an dem das Wachstum – zunächst der Menschenzahl – an eine

Grenze stoße, in unabsehbarer *Ferne;* für eine Menschheit, die sich solche Ansprüche leistet wie wir, das heißt die industriell fortgeschrittenen Völker es tun, ist diese Grenze bereits *überschritten;* verbrauchten die sog. zurückgebliebenen oder unterentwickelten Völker ebensoviel Rohstoffe und Energie je Kopf wie wir, dann wären eine Reihe unersetzbarer, aber unentbehrlicher Rohstoffe bereits heute oder doch noch in der Lebenszeit der jetzt lebenden Generation *aufgebraucht,* von dem Ausmaß der zugleich damit herbeigeführten Umweltzerstörung gar nicht zu reden. Darüber, ob wir die Völker der Entwicklungsländer, der sog. 3. und 4. Welt „ausbeuten", mag man streiten; vielleicht ist das nur ein Streit darüber, was man unter „Ausbeutung" versteht. Unbestreitbar ist, daß wir in dem Sinn *auf Kosten* der unterentwickelten Völker leben, daß unser *Über*verbrauch ihre Verbrauchsmöglichkeiten *schmälert,* weil sich so viel, wie wir für uns allein in Anspruch nehmen, für *alle* nicht verfügbar machen läßt; das würde die Erdkugel allenfalls für ganz wenige Jahre hergeben, aber nicht für Jahrzehnte, nicht für die Lebenszeit auch nur der heute auf Erden lebenden Generation.

So wie wir unsere Wirtschaft organisiert haben, stehen wir unter dem irrsinnigen Zwang, nur damit unsere Menschen hier Arbeit und Verdienst haben, *Wirtschaftswachstum* zu betreiben. Wir kennen jedenfalls keinen anderen Ausweg, als diese Menschen damit zu beschäftigen, daß wir sie Güter herstellen lassen, die wir nicht benötigen oder jedenfalls gut entbehren können, und für deren Herstellung Rohstoffe und Energie verbrauchen, die zu Ende gehen, und obendrein die Umwelt in einem Ausmaß schädigen, verwüsten oder zerstören, daß wir die Welt für unsere Nachfahren *unwohnlich* machen. Zur gleichen Zeit aber, da wir mit dem Wirtschaftswachstum an die unübersteigliche Grenze stoßen, besteht für diejenigen Völker, denen es am Lebensnotwendigen fehlt, noch ein dringendes Bedürfnis nach Wirtschaftswachstum, und diese Völker sind keine verschwindende Minderheit, sondern bilden die erdrückende und obendrein rasch wachsende Mehrheit der heutigen Weltbevölkerung.

Hier bedarf es einer kleinen Berichtigung. – Die vorausgehenden Ausführungen treffen in vollem Maß zu bei der *Sach*güterproduktion; bei den *Dienst*leistungen verhält es sich anders. Sie lassen sich weitgehend *ohne* nennenswerten Mehraufwand von Sachmitteln vermehren. In Dienstleistungs-, insbesondere in Fürsorge- und Pflegeberufen können auch heute noch eine Menge von Arbeitskräften sinnvolle, nützliche und beglückende Beschäftigung finden. Darunter sind einige Berufstätigkeiten, die den Vorzug haben, von der durch Steigerung der Arbeitsproduktivität Zeitersparnis überhaupt nicht betroffen zu werden. Das sind die gerade heute dringend benötigten Berufe, die man dadurch ausübt, daß man Menschen, die mitmenschlicher Hilfe bedürfen, seine *Zeit schenkt.* Gott sei gedankt für diese Aufgaben, bei denen es nicht darum geht, Zeit zu sparen und zu verkürzen, sondern Zeit zu haben und diese Zeit seinen Mitmenschen zu schenken!

Alles Vorgesagte sind Feststellungen rein *tatsächlicher* Art, die mit Weltanschauung nichts zu tun haben; erst *an* diese Tatsachen können ethische, juridische, philosophische (weltanschauliche) und religiöse Überlegungen anknüpfen.

Die Sinnfrage

Gegen unsere Wirtschaftsweise wird gern der Einwand erhoben, sie kranke an dem grundlegenden Fehler, daß der Profit ihre Antriebskraft sei und sie infolgedessen die Bedarfsbefriedigung nicht im Ziel habe, sondern sie nur sozusagen als zufälligen Nebenerfolg herbeiführe; in den termini der Schulsprache: von Rechts wegen sollten finis operis und finis operantis übereinstimmen; bei unserer Wirtschaft fielen sie auseinander; das sei die Ursache aller ihrer Übel. Dazu wäre zunächst zu bemerken, daß dies keineswegs eine Eigentümlichkeit unserer Wirtschaft ist, sich vielmehr weit und breit vorfindet und sich gar nicht vermeiden läßt. Sehr vieles von dem, was wir tun oder betreiben, tun wir nicht um seiner selbst willen, sondern weil wir durch dieses Tun etwas anderes, woran uns gelegen ist oder worum es uns geht, erreichen oder zu erreichen hoffen. Wo wir anderen einen Dienst erweisen, tun wir das sehr oft (um nicht zu sagen: in der Regel) nicht aus reiner Nächstenliebe, sondern weil wir uns zugleich für uns selbst etwas davon versprechen.

Eine Tätigkeit ausüben, weil sie uns Befriedigung bereitet und wir in ihr unsere Erfüllung finden, ist gewiß eine sehr schöne Sache, aber wir alle werden vieles tun müssen und daraum auch tun, weil wir das, was uns um seiner selbst willen erstrebenswert erscheint oder von Wert ist, nur auf diesem Weg erzielen oder erreichen. Was uns heute quält und worin wir mit Recht eine Kalamität unserer Wirtschaft sehen, ist etwas ganz anderes. Die steigende Arbeitsproduktivität setzt mehr Arbeitskräfte frei, als die Wirtschaft laufend wiedereinzugliedern und in Arbeit zu bringen vermag. Damit diese Menschen nicht untätig herumsitzen, sich nicht als unnütz und überflüssig in der Welt vorkommen und obendrein des zum Lebensunterhalt Benötigten entbehren, betreiben wir, da uns bisher nichts Besseres eingefallen ist, *Wachstumspolitik,* das heißt, wir versuchen, die Unternehmer zu Investitionen zu veranlassen. Gelingt uns das, dann bedeutet es, daß die freigesetzten Arbeitskräfte damit beschäftigt werden, Produktionsmittel zu schaffen *zur* Produktion von Gebrauchs-

und Verbrauchsgütern, die wir nicht nötig haben, und daß wir für beide, zuerst für die zusätzlich produzierten Produktionsmittel, und in der Folge, wenn diese in Betrieb kommen, für die mit ihrer Hilfe produzierten Gebrauchs- und Verbrauchsgüter eine unvorstellbare Menge *unersetzbarer Ressourcen* (Rohstoffe und Energie) verbrauchen.

Wenn diese widersinnige und unverantwortliche Verfahrensweise ihren Grund darin hat, daß uns bisher nichts Besseres eingefallen ist, dann haben wir uns mit allem Ernst um bessere Einfälle zu bemühen. Verhält es sich dagegen so, daß die bestehende Wirtschaftsordnung diesen Widersinn unvermeidlich mit sich bringt, dann ist das ein Grundfehler, im Vergleich zu dem das ihr zur Last gelegte Profitmotiv nur als harmloser Schönheitsfehler erscheint.

Ob dem so ist oder nicht, *wie* gegebenenfalls unsere Wirtschaftsordnung umgestaltet werden könnte oder sollte, ist hier nicht zu entscheiden. Wir hier Versammelten haben kein Programm für eine neue Wirtschaftspolitik zu entwerfen; wir haben nur unserer Verantwortung bewußt zu sein *und,* wo wir die Gelegenheit dazu haben, unseren Politikern *ihre* unvergleichlich schwerere Verantwortung, vor der sie so gern die Augen verschließen, immer wieder vor Augen zu halten.

Im Augenblick reden und tun unsere Politiker noch so, als könnten wir die während einer Zeitspanne von 10 bis 15 Jahren unbestreitbar erfolgreich betriebene Wachstumspolitik, vielleicht in Einzelheiten auf Grund der gewonnenen Erfahrungen vervollkommnet, *weiterbetreiben.* Ein solches Vor-sich-her-Schieben einer nicht länger aufschiebbaren Entscheidung läßt sich weder gegenüber dem eigenen Volk noch gegenüber der vielmals zahlreicheren Bevölkerung der unterentwickelten Länder und schon gar nicht gegenüber den nachfolgenden Generationen verantworten, denen wir eine *bewohnbare* Erde zu hinterlassen haben. Was wir an Bremsweg noch vor uns haben, dürfen wir auf keinen Fall durch unschlüssiges Zögern verspielen!

Entmythologisierung, Entzauberung

Nicht weniger als der materielle Wohlstand und das wirtschaftliche Wachstum kann unsere hochentwickelte *Technik* und die durch sie ermöglichte *Naturbeherrschung,* der wir den heute fragwürdig gewordenen Wohlstand verdanken, Anlaß geben, uns zu fragen, ob wir uns da auf dem rechten Wege befinden und es vielleicht an der Zeit ist, ein stop zu setzen, wenn nicht gar umzukehren und den Rückweg anzutreten.

Ob wir überhaupt befugt sind, in der Weise, wie wir es seit einigen Jahrhunderten tun, in die Geheimnisse der Natur einzudringen und die gewonnenen Erkenntnisse zur Naturbeherrschung zu verwenden, wie wir das heute vermögen und zu tun gewohnt sind, ist für den gläubigen Christen keine Frage mehr. In mythologischen Vorstellungen befangen hatten die Menschen lange Zeit sich furchtsam gescheut, die Geheimnisse der Natur zu lüften. Die Natur, so wähnten sie, hüte ihre Geheimnisse und strafe jeden Versuch, mit vorwitziger Neugier darin einzudringen, durch vernichtende Schläge. Unser Glaube an den allmächtigen und allweisen, zugleich gütigen und gerechten Schöpfergott hat diese mythologische Naturvorstellung ausgeräumt, hat die Natur, wie wir nach Max Weber zu sagen pflegen, „entzaubert" und sie damit unserer rational betriebenen Forschung erschlossen.

Von der damit uns gegebenen Freiheit haben wir mit beispiellosem Erfolg Gebrauch gemacht. Die dabei gemachten Erfahrungen haben uns belehrt, daß der Gebrauch, den wir von den uns so eröffneten Möglichkeiten machen können, *ambivalent* ist; alle uns offen stehenden Möglichkeiten können wir zum Guten, aber auch zum Bösen gebrauchen; wozu wir sie gebrauchen, liegt ausschließlich an uns Menschen. Die Technik mag durch die Möglichkeiten, die sie bietet, verführerisch sein; böse ist sie nicht und kann sie nicht sein. Mit den Möglichkeiten des guten und heilsamen wie auch des bösen und unheilvollen Gebrauchs wächst unsere Verantwortung.

Vor einigen Jahrzehnten war das für manche guten Christen noch keineswegs klar. Sie litten unter Hemmungen und hatten, wenn sie sich der Schreibmaschine, des Fernsprechers und anderer für uns völlig selbstverständlich gewordener Dinge bedienten, noch Gewissensbeschwerden. Darüber sind wir hinaus. Auch an das „Leben mit der Atombombe" haben wir uns gewöhnt; ja, schon längst leben wir nicht mehr mit „der" Atombombe, sondern mit einem Arsenal von Atomwaffen, das vielmals ausreicht, um alles Leben auf der Erde auszurotten; auch daran haben wir uns bereits gewöhnt.

Aber mit etwas anderem sind wir noch nicht fertig geworden. Seitdem wir nahe daran sind und vielleicht schon in allernächster Zeit imstande sein werden, die *menschliche Erbmasse* (Gene) zu manipulieren und so etwas wie den „programmierten Menschen" zu züchten, beschleicht uns von daher die beunruhigende Frage, ob wir alles dürfen, was wir können. Die Frage will recht verstanden sein. Obwohl wir heute alles Leben auf der Erde auslöschen können, wissen wir, daß wir es *nicht* dürfen. Damit ist aber noch nichts darüber ausgesagt, ob wir durch unsere Forschung diese Möglichkeit erschließen und damit solch ungeheuerlichen Mißbrauch ermöglichen durften. – Im Zusammenhang mit dem Grundrecht aus Art. 5, Abs. 3 des Grundgesetzes (Freiheit von Wissenschaft, Forschung und Lehre) spielt diese Frage in unserem akademischen und politischen Leben eine nicht unbeträchtliche Rolle.

Für den Bereich dessen, was wir die kosmische oder physikalische Welt nennen, ist die Frage obsolet geworden. Wir finden es selbstverständlich, daß der Schöpfer, der uns den Verstand geschenkt hat, der uns instand setzt, sie zu erforschen, sie ebendamit uns zur Erforschung freigegeben hat. *Logisch* würde diese Begründung ganz ebenso auch für den Bereich alles dessen gelten, was zum Forschungsbereich der *Human*wissenschaften zählt, aber *psychisch* sind wir noch nicht so weit.

Wir erschrecken noch bei dem Gedanken an all das, was man beispielsweise mit humanbiologischen Erkenntnissen wird unternehmen und anrichten können, was schon den heute Lebenden, noch mehr aber denen, an die unsere Generation das Leben weitergeben will, bevorsteht, wenn durch Gen-Manipulationen Eingriffe möglich sein werden in das, was *konstitutiv* ist für die menschliche Persönlichkeit. Getötet zu werden (auch durch die Atombombe) ist bloß Verletzung eines allerdings elementaren Menschen*rechts*; manipuliert zu werden in dem, was für unsere Persönlichkeit konstitutiv ist, bedeutet die denkbar schwerste Verletzung, um nicht zu sagen die völlige Verneinung und Vernichtung unserer Menschen*würde.*

Trotzdem wird man sagen dürfen: auch hier gibt es in Gottes Schöpfung keine Geheimnisse, die wir nicht entschleiern dürften. Gott hat uns intellektuell dazu befähigt und hat uns damit diese Geheimnisse zugänglich gemacht; wir wissen um kein Verbot, das er erlassen hätte, von diesem Baum der Erkenntnis nicht zu essen. Aufhalten läßt sich diese Forschung bestimmt nicht; sie wird weiterlaufen, gleichviel ob wir es gutheißen oder nicht. Darum sollten wir uns darauf gefaßt machen, ebenso wie wir mit der Atombombe leben, so auch mit den entschlüsselten Geheimnissen unseres eigenen Menschtums zu leben, sowohl mit den erhebenden als auch mit den demütigenden Erkenntnissen – die Psychoanalyse scheint mehr demütigende als erhebende Erkenntnisse zu produzieren. – Wir sollten den Mut haben, uns dieser um einen weiteren unabsehbaren Bereich gewachsenen Verantwortung zu stellen und ihr standzuhalten.

Wir haben die Welt, das heißt den Kosmos einschließlich unserer eigenen Physis „entzaubert" und damit den Bereich unseres Wissens, noch mehr allerdings unseres Nicht-Wissens, unserer Unwissenheit, unvorstellbar erweitert, das läßt sich nicht rückgängig machen. Als gläubige Christen sollten wir davor nicht erschrecken, uns nicht ängstigen, wohl aber im Bewußtsein der ungeheueren Verantwortung, die uns damit zugewachsen ist, uns vor Gott verdemütigen und ihn um die Gnade bitten, nicht stolz zu werden auf diese unsere Leistung, die wir doch nur mit den von ihm uns geschenkten intellektuellen und anderen Gaben vollbringen konnten, uns ihrer nicht zu rühmen, vielmehr im Bewußtsein unserer Schwäche und unserer Anfälligkeit nicht nur für den Irrtum, sondern noch mehr für die Sünde, uns bemühen, dieser Verantwortung gerecht zu werden.

Die Ent-Naivisierung

Soviel zur *Entmythologisierung* des Kosmos, das heißt der uns umgebenden physikalischen Welt, unserer daraus erwachsenen technischen Beherrschung der Natur und dem mit ihrer Hilfe geschaffenen Wohlstand, unserem Reichtum an materiellen Gütern mitsamt den Schwierigkeiten und dem Widersinn, worin wir uns damit verstrickt haben, und zur *Entzauberung* unserer eigenen Physis durch

Humanbiologie und andere Humanwissenschaften, denen bereits Paul VI. in „Octogesima adveniens", Ziff. 38–41, seine Reverenz erwiesen hat.

Damit sind jedoch die Fortschritte und Errungenschaften noch nicht erschöpft, über die wir auf Einladung des Heiligen Vaters eine Besinnung anstellen und uns fragen sollten, inwieweit sie uns wirklich *weitergebracht* und inwieweit sie uns vor neue Fragen gestellt und mit neuen Aufgaben, neuer Verantwortung belastet haben.

Es mag verwunderlich oder befremdlich erscheinen, noch einen weiteren Fortschritt oder eine Errungenschaft aufzuzählen, die ich ganz primitiv so formulieren möchte: wir Menschen von heute sind nicht mehr *„naiv"*. Zwar ist heute – vielleicht sogar mehr als je – die Zahl der „außengeleiteten" Menschen groß, die meinen und tun, was *alle* meinen und tun. Charakteristisch für den heutigen Menschen – nicht nur für die „Intellektuellen" – ist aber eine ganz andere, eine ganz und gar *kritische* Haltung.

Für den heutigen Menschen versteht sich nichts von selbst, ist es insbesondere keineswegs selbstverständlich, daß das Dasein und das Leben einen *Sinn* hat; der Sinn des Daseins ist ihm fragwürdig geworden. Unsere frommen Vorfahren haben in einer vom Glauben erfüllten Luft gelebt und haben sozusagen mit dieser Luft den Glauben eingeatmet; für sie war der Glaube *un*problematisch. Für uns heutige Menschen, auch soweit wir noch in einer von christlichem Gedankengut geschwängerten Umwelt aufgewachsen sind, gibt es keinen *un*problematischen „problemlosen" Glauben mehr.

Wir Menschen sind andere geworden. Gleichviel, ob wir unserer „Naivität" verlustig gegangen sind, ohne es wahrzunehmen und erst im nachhinein uns dieses Verlustes bewußt wurden, oder ob wir sie bewußt und gewollt abgelegt, uns ihrer entledigt haben, in beiden Fällen ist es das Ergebnis eines Lern- und Reifungsprozesses, den Gott uns hat durchlaufen lassen – wenn man die Wortbildung wagen darf eine „*Ent-Naivi*sierung", der er uns unterzogen hat und für die wir ihm *dankbar* sein sollten. Recht betrachtet ist das ein ganz ungeheurer Fortschritt, über den wir uns nicht ängstigen, den wir unbedingt zu den Errungenschaften zählen sollten, über die nachzudenken der Papst uns einlädt.

Alle Fortschritte, die die Menschheit macht, nehmen ihren Weg über ‚error and trial'. Unsere trinitarischen und christologischen Dogmen sind die Furcht des geistigen Ringens mit den *Irr*lehren der frühchristlichen Jahrhunderte. Ebenso erwuchs unser heutiges kritisches Bewußtsein und unsere heutige kritische Haltung aus dem frühneuzeitlichen Nominalismus, aus der Aufklärung des 18. Jahrhunderts, aus der Kant'schen und aller späteren Kritik bis zur „kritischen Philosophie" der Frankfurter Schule, nicht zuletzt gefördert durch die moderne Logik, die (Informatik), Kybernetik und die Wissenschaftstheorie.

Wir haben gelernt, über unsere eigene Erkenntnisfähigkeit zu reflektieren, an unserer Vernunft Kritik zu üben. Wir haben es unternommen, alles zu hinterfragen und sind dabei auf die Grenze gestoßen, an der alles Hinterfragen unweigerlich sein Ende nimmt. Daß nicht alles „beweisbar" ist, daß alle Beweisführung letztendlich auf nicht mehr weiter zurück beweisbaren Prämissen beruht, das haben auch unsere Vorfahren sehr wohl gewußt. Aber für sie waren diese Prämissen einfach „einsichtig", verstanden sich als solche für *sie* von selbst. Für *uns* gilt das nicht mehr ohne weiteres.

Für uns sind nicht nur Werturteile nicht in dem Sinn beweisbar, daß sie sich auf zwingend einsichtige Erkenntnisse zurückführen und auf diesem Wege *interpersonal,* das heißt jedermann andemonstrieren ließen. Für uns gilt das ganz umfassend auch für Seinsurteile, gleicherweise für aus der Erfahrung geschöpfte Erkenntnisse wie für Ergebnisse schlußfolgernden Denkens. Wir „wissen", daß all unser Erkennen auf dem *Vertrauen* steht und mit dem *Vertrauen* fällt, daß unser Erkennen nicht ein Irrgarten von Wahngebilden, von Irrsinn und Widersinn ist. Dieses Vertrauen, das allein den heutigen Menschen davon abhält, am Sinn seines Daseins und Lebens verzweifelnd den unvollziehbaren Versuch zu machen, sein Bewußtsein auszulöschen und sich das Dasein zu nehmen, wird dem heutigen Menschen nicht mehr als selbstverständlicher Besitz geschenkt. Er besitzt es nicht mehr „naiv"; zu diesem Vertrauen muß er sich gegen vielfache und äußerst schwere Anfechtungen durchringen. Letzten Endes entspringen alle diese Anfechtungen aus der tiefsten aller „Ängste des heutigen Menschen" („Redemptor hominis", III. 15). Der Mensch, der diese Angst überwindet, überhebt sich nicht über sich selbst; er erficht den Sieg über seine tiefinnerste *Schwäche* und beugt sich in Demut vor der Wahrheit, die größer ist als er.

Explizit ist in der Enzyklika von *dieser* „Angst der heutigen Menschen" nicht die Rede; insofern geht dieser Teil meiner Ausführungen über das mir gestellte Thema hinaus.

Ist nun aber dieser Verlust an „Naivität" mit der Folge, daß es für uns keinen problemlos „naiven" Glauben mehr gibt, daß wir vielmehr zum harten und klaren Entscheid zwischen Glauben und Unglauben genötigt sind, wirklich ein Fortschritt, eine Errungenschaft, ja ein Höhepunkt und eine Reife, zu der Gott in seinem Heilsplan die Menschheit geführt hat?

Problemlose Gläubigkeit, darüber müssen wir uns klar sein, *ist* uns heutigen Menschen oder jedenfalls uns heutigen Intellektuellen nicht mehr geschenkt. Wir müssen um unseren Glauben ringen. Das gibt uns ein vertieftes Verständnis dafür, was es heißt, der Glaube ist eine *Gnade,* die uns als Anlage im Sakrament der Taufe geschenkt wird, die aber nicht unverlierbar ist. Es sind tönerne Gefäße, in denen wir diese Gnade tragen, allseitig umstellt von den stahlgepanzerten Gegenpositionen, von denen aus der Unglaube gegen unseren, seiner Meinung nach „naiven" Glauben zum Angriff vorgeht. Nichts wäre gefährlicher als uns einzubilden, wir seien gegen Anfälle des Unglaubens immun.

Für den Christen bedeutet diese Situation, daß er sich zu entscheiden hat, ob er Christi Botschaft annimmt und seiner Einladung Folge leistet. An Christi Wort „wer nicht für mich ist, der ist gegen mich" gibt es kein Vorbeikommen mehr. Für den Christen bedeutet das nebenher auch, daß er als Christ nicht mehr selbstverständlich der Honoratiorengesellschaft angehört, sondern ebenso umstritten ist, wie sein Meister zu Lebzeiten umstritten war und bekämpft wurde. Für den *Halb*gebildeten gibt es allerdings einen bequemen Ausweg, um damit fertig zu werden; er kann sich dem klärenden und bewußten Entscheid durch gedanken*losen* Unglauben entschlagen. Für den, der den Anspruch erhebt, zu den Gebildeten zu zählen, gibt es diesen Ausweg *nicht;* er kann nicht umhin, sich mit dieser Problematik auseinanderzusetzen und sich klar zu entscheiden.

Für die Kirche Jesu Christi bedeutet diese Situation, daß sie nicht ohne weiteres erwarten darf, für ihre Botschaft freudige und bereitwillige Annahme zu finden, daß sie vielmehr die Bereitschaft, ihrer Botschaft auch nur interessiertes Gehör zu schenken, erst dadurch erwecken muß, daß sie diese Botschaft beispielhaft überzeugend vorlebt. Daß wir das akzeptieren, dürfte von entscheidenderem

Gewicht sein als alles andere, das uns in der gegenwärtigen Weltsituation bedroht oder Besorgnisse verursacht.

Gegen diese Einschätzung läßt sich eine Menge einwenden; man kann sie sogar des Triumphalismus zeihen. – Manche sehen die Lage so, als sei der Glaube in eine letzte Verteidigungsstellung zurückgedrängt, die auch in Kürze fallen werde; schon heute dürfe der Atheismus sich als endgültiger Sieger fühlen. Träfe das zu, dann wäre das allerdings kein Fortschritt, sondern der denkbar katastrophalste Rückschritt. Die christliche Sicht ist aber eine ganz andere; zum mindesten das Zweite Vatikanische Konzil sieht hier keinen Rückschritt, sondern eine *Herausforderung* und greift sie mutig auf.

Lange Zeit hatte die Kirche mit Rücksicht auf die Naivität sich in sehr hohem Maß auf die *Bewahrung* verlegt. Noch zu meiner Studienzeit gab es Professoren, die sorgsam zu verhüten suchten, daß ihre Hörer erkannten, wo ernsthafte Schwierigkeiten lagen, die uns an unserem Glauben hätten irre machen oder jedenfalls hätten Zweifel einflößen können; der naive Glaube, den man bei uns voraussetzte, sollte uns erhalten bleiben, sollte auf keinen Fall gefährdet werden. Ganz abgesehen vom kirchlichen Bücherverbot („Index") sollten wir nur solche Bücher benutzen, die der Professor als für uns geeignet, das heißt ungefährlich auswählte und uns in die Hand gab.

Ich sage nicht, das sei allgemein so gewesen; ich sage nur, das hat es in meiner Studienzeit noch gegeben. Die Kirche sah in ihren „Kindern" *Un*mündige und behandelte sie dementsprechend als „Unmündige", die es vor aller Gefahr für Glaube und Sitte zu bewahren galt. Das Konzil hat mit dieser Bewahrungspolitik gebrochen und ist zu entschiedener Bewährungspolitik umgeschwenkt. Anstatt uns vor der Berührung mit den anderen christlichen Bekenntnissen, mit anderen monotheistischen Religionen, mit nichtchristlichen Religionen überhaupt und erst gar mit dem Atheismus zu warnen und von ihr abzuschrekken, schickt es uns in die Auseinandersetzung mit ihnen. Offenbar schenkt das Konzil uns das Vertrauen, daß wir dieser Auseinandersetzung gewachsen sind oder auf jeden Fall uns dafür stark *machen.* Ganz unverkennbar setzt das Konzil bei uns mehr als bloß „naiven" Glauben voraus; wir sollten ihm dafür danken.

Soviel ist gewiß: rückgängig machen läßt sich dieser Fortschritt nicht; dieser Fortschritt *verpflichtet.* Jeder erdenkliche Versuch, ihn rückgängig zu machen, verstieße gegen die intellektuelle *Redlichkeit;* einen solchen Verstoß können wir uns nicht leisten. Das aber besagt, wir haben den Atheismus als Gegner ernst zu nehmen; wir können ihn nicht länger sozusagen von oben herab abtun, können nicht vom Sicherheits- und Überlegenheitsgefühl geschwellt in die Auseinandersetzung mit ihm eintreten. Die Auseinandersetzung mit ihm kann nicht auf unserem Boden stattfinden, muß vielmehr auf dem seinigen ausgetragen werden; man mag es Vorwärtsverteidigung nennen. Wir dürfen nicht länger unterstellen, die für *uns* selbstverständlichen Prämissen seien auch für *ihn* selbstverständlich, und noch viel weniger dürfen wir ihm zumuten, unsere Prämissen vorweg anzuerkennen und gelten zu lassen, was für ihn bedeuten würde, *entwaffnet* auf unserem Boden zum Kampf anzutreten. Wir müssen vielmehr *seine* Prämissen, *ohne* sie anzuerkennen, womit wir *uns* entwaffnen würden, als Diskussionsgrundlage akzeptieren und müssen den Mut aufbringen, in unserer vollen Waffenrüstung auf *seinen* Boden als Kampfplatz anzutreten, um die Waffen mit ihm zu kreuzen.

Auseinandersetzung mit dem Atheismus

Als Papst Paul VI. der Gesellschaft Jesu den Kampf gegen den Atheismus als besondere Aufgabe zuwies, war mir zunächst nicht recht klar, was er damit meinte und was wir sollten. Inzwischen ist es mir einsichtig geworden. Neigten wir früher dazu, alle diejenigen, die unsere Gottesbeweise und andere, nach unserer Meinung völlig evidente Argumente nicht als zwingend annahmen und gelten ließen, als geistig beschränkt anzusehen *oder* zu argwöhnen, sie verschlössen sich böswillig der eigenen besseren Einsicht, so wissen wir heute, daß wir es uns so billig nicht machen dürfen. Für uns ist der Atheist von vornherein weder blöd noch bösartig, weder ein Abweichler noch ein Sonderling, sondern einfach einer, der unsere Denkweise nicht kennt oder nicht versteht oder jedenfalls anders denkt als wir, und dem wir, so gut wir es vermögen, die christliche Sicht und Denkweise nahezubringen und zu erschließen haben. Ja noch mehr; für uns ist der Atheist nicht nur ein anderer, der uns begegnet, kein zufällig *ko*existierender Zeitgenosse; der Atheist – oder mindestens die Anlage zum Atheismus – steckt vielmehr in jedem von uns selbst – falls *un*erkannt, dann nur um so gefährlicher. In diesem Fall gilt es an allererster Stelle, diesen unerkannten Gegner in uns selbst zu entdecken; in *jedem* Fall ist die Auseinandersetzung an erster Stelle *in uns selber* auszutragen.

Erst dann, wenn diese innere Auseinandersetzung siegreich ausgetragen ist, kann unser Glaube mehr sein als bloße „folklore“, das heißt, man ist *nicht* mehr deswegen Christ, *weil* sich das in dieser gesellschaftlichen Umwelt nun einmal so gehört, daß „man“ kirchliches Brauchtum mitmacht, oder *weil* die „soziale Kontrolle“, namentlich wenn man zu den „Honoratioren“ gehören will, es so verlangt. Vielmehr ist man katholisch, *weil* man in letzter freier Entscheidung sich dazu durchgerungen hat, das Dasein und das Leben als *sinn*voll anzusehen und anzunehmen, Gott als den einen und einzig möglichen „Sinn" zu erkennen und anzuerkennen und seine liebende Zuwendung zu uns mit vertrauensvoller und dankbarer Gegenliebe zu erwidern. *So* verstanden ist dann allerdings die Auseinandersetzung mit dem Atheismus keine der Gesellschaft Jesu vorbehaltene Sonderaufgabe, sondern etwas, das uns *alle* nicht ängstigt, sondern die jeden von uns höchstpersönlich angeht.

Papst Johannes Paul II. macht sich Sorge, ob die Überlegungen, die er über die Ängste des heutigen Menschen, über Fortschritt und Bedrohung anstellt, nicht zu „abstrakt" seien. Was ich Ihnen namentlich im dritten Teil meiner Ausführungen vorgetragen habe, ist bestimmt noch viel abstrakter. Trotzdem glaube ich, daß es in der Linie seiner Gedanken liegt; ich danke Ihnen für Ihre Aufmerksamkeit

II

Weltweite Solidarität – Illusion oder Notwendigkeit?

Als das Jahr 1000 herannahte, waren die Menschen voll gespannter Erwartung, als ob dieses Jahr wegen seiner runden Zahl etwas Außerordentliches, etwas Ungeheuerliches oder Erschreckendes bringen müßte. Noch heute spricht man von der damaligen Erregung unter dem Namen „Chiliasmus" (vom griechischen ‚chilioi' gleich tausend). Nicht wenige Menschen erwarteten damals den Abschluß der Weltgeschichte und die Wiederkunft Christi zum letzten Gericht.

Von einer solchen chiliastischen Erregung oder Erwartung ist heute beim Herannahen des Jahres 2000 nichts wahrzunehmen. Und wenn wir uns heute ängstigen, die Atombombe könnte alles menschliche Leben auf dieser Erde auslöschen und so das Ende der Menschheitsgeschichte herbeiführen, dann hat diese Besorgnis nichts mit dem Jahr 2000 zu tun; diese vom Menschen selbst herbeigeführte Katastrophe könnte uns durchaus schon vorher bevorstehen. Dagegen haben wir uns angewöhnt, in Jahrzehnten zu denken und sprechen, so beispielsweise vom 1. bzw. 2. Jahrzehnt der Entwicklungshilfe, aber auch von kalendermäßigen Jahrzehnten, etwa von den derzeit verlaufenden achtziger Jahren, und entwerfen Programme

---

Vortrag zur Eröffnung des Arbeitsjahres 1982/83 der Akademie für Erwachsenenbildung, gehalten im Börsensaal der Industrie- und Handelskammer Köln am 3. 10. 1982. – Ursprünglich veröffentlicht in: Mann in der Zeit 1983, Heft 3, S. 2–11.

oder Projektionen für solche kalendermäßige Jahrzehnte. Dabei sind wir uns völlig klar darüber, daß der Kalender für den wirklichen Ablauf der Dinge nichts bedeutet. Wenn es Einschnitte in den Lauf der Weltgeschichte gibt, dann brauchen sie keineswegs mit dem Jahrhundertwechsel zusammenzufallen. Da wir aber die Zeitläufte irgendwie unterteilen müssen, benutzen wir in Ermangelung eines Besseren die Zählung nach Jahrhunderten, sprechen vom 18., 19. oder 20. Jahrhundert, die Kunsthistoriker vom Quattrocento und Cinquecento; dabei bleiben wir uns aber völlig bewußt, daß auch der Jahrhundertwechsel nur eine willkürlich gesetzte, sachlich völlig nichtssagende Marke ist, an die wir unsere Berichterstattung oder unsere Vorausüberlegungen anknüpfen.

So werden denn auch die Überlegungen, die wir hier und jetzt miteinander anstellen wollen, nicht etwa erst um null Uhr des 1. Januar oder richtiger 24 Uhr des 31. Dezember des Jahres 2000 aktuell und nehmen erst recht nicht in Anspruch, für das ganze alsdann beginnende 3. Jahrtausend zutreffend oder gar verbindlich zu sein. Wenn wir uns nicht maßlos überheben wollen, dann können wir nicht mehr tun als von unserem heutigen Erkenntnisstand ausgehend uns überlegen, welche Schlüsse aus der Entwicklung der Dinge, die wir *mit*erlebt haben und auf die wir *zurück*blicken, sich ziehen lassen oder zu ziehen sind bezüglich der Entwicklung, die uns bevorsteht, und welche Anforderungen diese an uns stellen wird, oder inwieweit es uns möglich ist, selber auf diese Entwicklung Einfluß zu nehmen, ihre Richtung zu bestimmen, und welche Mitverantwortung für diese Entwicklung sich daraus für uns ergibt. So brauchen wir uns keineswegs in Gedanken an den Silvesterabend des Jahres 1999 oder 2000 zu versetzen, bleiben vielmehr ganz und gar auf dem Boden des Hier und des Jetzt, graben uns aber nicht hier ein, sondern versuchen in dem Maße, wie der vom Schöpfer uns geschenkte menschliche Verstand es uns ermöglicht und die christliche Tugend der Klugheit es uns gebietet, *ein wenig vorauszudenken.*

Im umfassendsten Sinn verstanden, würde das eine geschichts-philosophische und geschichts-theologische Gesamtschau erfordern; das überstiege bei weitem die Grenzen nicht nur einer Vortragsveranstaltung, sondern einer Semestervorlesung, wenn nicht gar überhaupt die Grenzen menschlicher Erkenntnis. Glücklicherweise ist unser Thema enger gefaßt; es gestattet uns, die Aufmerksamkeit ganz auf einen einzigen Blickpunkt zu richten, auf die von uns zu übende *weltweite Solidarität.*

Rückblick in die Vergangenheit

Um keine Luftschlösser zu bauen, sondern auf dem harten Boden der Tatsachen zu bleiben, empfiehlt es sich, zunächst rückschauend zu überprüfen, wie es bisher um die Solidarität in der Welt gestanden hat. Alsdann wäre zu untersuchen, ob die derzeitige Entwicklung den Bedarf und/oder das Bedürfnis nach weltweiter Solidarität steigert, ob oder inwieweit diesem steigenden Bedarf bereits entsprochen wird oder nicht, und ob dieserhalb Mängel festzustellen sind, die behoben werden müssen. Abschließend wäre zu überlegen, was wir selbst dazu beizutragen vermögen, daß die offenbar dringend benötigte weltweite Solidarität kein schöner Traum bleibt, sondern praktiziert wird.

Bis vor noch gar nicht weit zurückliegender Zeit konnte von weltweiter Solidarität aus dem zwingenden Grunde keine Rede sein, weil es die *Welt als eine Einheit* noch gar nicht gab. Nur ein *kleiner Kreis* fortgeschrittener Länder wußte um einander, stand in Beziehungen zu einander, hatte Gelegenheit, Solidarität mit einander zu üben, hat jedoch leider in viel höherem Ausmaß in Feindschaft mit einander gelebt, sogar „Erbfeindschaft" gepflegt, nicht nur blutige Kriege gegeneinander geführt, sondern auch in Zeiten des militärischen Friedens sog. „kalten Krieg", Wirtschafts- und Handelskriege betrieben. Auch auf kulturellem Gebiet haben sie viel weniger wetteifernd einander gefördert als um die Überlegenheit gestritten. Selbst die kulturellen Spitzenleistungen dienten (wie heute die sportlichen Spitzenleistungen) mehr dem nationalen Prestige als der internationalen Gemeinschaft; man wollte die anderen „ausstechen", sie im Vergleich mit der eigenen Nation als unterlegen erscheinen lassen und demütigen. Ja noch schlimmer. Die heutige Generation weiß schon gar nicht mehr, wie wir in Preußen-Deutschland die Polen drangsaliert haben, um sie zwangsweise zu „germanisieren". Noch weiter ging das zaristische Rußland; es versuchte mit aller Gewalt, den Völkern des Baltikums die eigene Sprache zu nehmen, um damit zugleich ihr nationales Bewußtsein auszulöschen.

Zwischen den europäischen Völkern und den Völkern *anderer Erdteile* hat es genau so lange keine Konflikte gegeben, als sie noch nichts von einander wußten und es infolgedessen auch noch keine Beziehungen zwischen ihnen gab. In dem Augenblick, da sie mit einander bekannt wurden, setzten auch schon die Konflikte ein. So unmittelbar nach der Entdeckung Amerikas die ungeheuerlichen Ausschreitungen der spanischen und portugiesischen Eroberer gegen die einheimische indianische Bevölkerung, deren Kultur vernichtet und die ihres Wohlstandes beraubt und in unwürdigster Weise geknechtet wurde unter dem Vorwand, sie seien Heiden und man wolle sie zu Christen machen. Nicht ganz so schlimm, aber auch nicht viel besser ging die „Kolonisierung“ großer Teile Asiens und Afrikas im 19. Jahrhundert vor sich, deren Völkern erst zu unseren Lebzeiten gelungen ist, das Joch der Kolonialherren abzuschütteln, nachdem diese das Verbrechen und zugleich die selbstmörderische Torheit begangen hatten, sie in zwei Weltkriege hineinzuzerren und gegen einander in den Kampf zu führen.

Aber selbst im *einzelnen* Land und Volk fehlte es an voller Solidarität. – Seit der Glaubensspaltung im 16. Jahrhundert haben in vielen Ländern Bevölkerungsteile verschiedenen christlichen Bekenntnisses wie zwei feindliche Völker Bürgerkrieg gegen einander geführt, bei uns einen dreißigjährigen Krieg. – In den sich industrialisierenden Ländern standen seit dem ausgehenden 18. Jahrhundert Produktionsmittelbesitzer und „produktionsmittelbesitzentblößte“ Proletarier, obwohl zwingend auf einander angewiesen, als gegnerische gesellschaftliche Klassen wie zwei verschiedene „Völker“ im gleichen Lande einander gegenüber und lagen im härtesten Kampf mit einander, den in die gesitteten Formen unserer heutigen Arbeitskämpfe einzubinden bis heute nur in den fortgeschrittensten Ländern gelungen ist; in allen zurückgebliebenen Ländern wird er noch heute in brutalster Formen ausgetragen, vor allem als „Klassenkampf von oben“.

Innerhalb der einzelnen Länder hat von Anfang an die Arbeiterschaft eine großartige Solidarität geübt und übt sie, wie das Beispiel Polen beweist, auch heute noch. Um die Mitte des 19. Jhdts erscholl sogar schon einmal der Ruf „Proletarier aller Länder, vereinigt euch“. Im Verhältnis zu ausländischen Arbeitern versagt diese Solidarität jedoch immer wieder. Der ausländische Arbeiter wird angesehen als unerwünschter *Wettbewerber* um die Arbeitsplätze und als Lohndrücker. Auch wir machen zur

Zeit die Erfahrung, wie schwierig die Solidarität mit den ausländischen Arbeitern ist, die wir doch selbst herbeigerufen haben. Und dabei ist die Haltung unserer Gewerkschaften gegenüber den ausländischen Arbeitern im Vergleich zur Haltung beispielsweise der englischen Gewerkschaften noch eine rühmliche Ausnahme.

Wettbewerb – hier um die Arbeitsplätze –, damit sind wir bei dem Stichwort angekommen, bei dem wir auf die entscheidende grundsätzliche Frage stoßen, ob denn Wettbewerb und Solidarität mit einander vereinbar sind oder sich nicht gegenseitig zwingend ausschließen. Diese Frage ist für uns deswegen hochaktuell, weil sowohl unsere eigene Wirtschaft als auch die Weltwirtschaft, in der die weltweite Solidarität zu üben wäre, *wettbewerblich* gestaltet sind.

Wettbewerbliche Weltwirtschaft

Unsere Wirtschaft ist auf Wettbewerb aufgebaut; jede *freie* Wirtschaft ist auf Wettbewerb aufgebaut. Das ließe sich allenfalls ändern. Wir könnten, allerdings nur um den Preis weitgehenden Verzichtes auf Freiheit, in unserem Lande eine Zentralverwaltungswirtschaft (= ZVW) einführen. Die *Welt*wirtschaft dagegen läßt sich nicht als ZVW organisieren, weil ZVW, wie ihr Name besagt, eine zentrale Kommandostelle erfordert. Für die Welt haben wir keine solche zentrale Kommandostelle und sehen auch nicht, wie sich eine solche schaffen ließe. Wir wissen zwar, daß so gut wie alle in der Entwicklung zurückgebliebenen Länder *für* ZVW sind und nicht nur sich angestrengt bemühen, ihre eigene Wirtschaft als ZVW aufzubauen, sondern auch die Weltwirtschaft zentralverwaltungswirtschaftlich organisiert sehen möchten. Das erstere gelingt ihnen nicht, weil ihnen die dazu unentbehrlichen intellektuellen und moralischen Voraussetzungen fehlen; das letztere scheitert unweigerlich daran, daß weder sie selbst noch die fortgeschrittenen Länder bereit sind, sich und ihre Wirtschaft einer solchen zentralen Kommandogewalt zu unterstellen.

Hier ist nicht der Ort, wirtschaftswissenschaftlich oder gar wirtschaftsphilosophisch über Markt- oder Verkehrs- oder, was dasselbe ist, Wettbewerbswirtschaft einerseits und ZVW andererseits, über deren Vorzüge und deren Nachteile zu handeln; hier genügt es, die Tatsache festzustellen, daß die heutige Weltwirtschaft sich zvw.lich *nicht* organisieren läßt und daß darum, gleichviel ob wir dies begrüßen oder beklagen, gleichviel ob wir grundsätzlich für oder gegen ZVW sind, die Weltwirtschaft nur wettbewerblich organisierbar, daß sie *unvermeidlich* Wettbewerbswirtschaft ist. Wenn wir also kein leeres Stroh dreschen wollen, dann haben wir es ausschließlich mit weltweiter Solidarität unter den Bedingungen einer wettbewerblich organisierten Weltwirtschaft zu tun.

Ist in einer solchen Weltwirtschaft überhaupt Platz für Solidarität; genau dies und nichts anderes ist die Frage, mit der wir uns zu befassen haben.

Bevor wir dieser Frage näher treten, muß restlos klar sein, was genau wir unter Solidarität verstehen. Bis hierhin kamen wir mit der unscharfen Vorstellung aus, die jedermann mit dem wohlklingenden Wort „Solidarität" verbindet; für unser weiteres Nachdenken benötigen wir einen scharf geschliffenen Begriff.

Rechtsbegriff Solidarität

Der Begriff „Solidarität" stammt ursprünglich aus dem *Rechtswesen;* er bezeichnet eine besondere *Art* von Verbundenheit; ihre Eigenart besteht darin, daß alle „solidarisch" verbundenen in *der* Weise für eine Verpflichtung einzustehen haben, daß jeder auf die ganze Leistung in Anspruch genommen werden kann, d. h., jeder hat nicht nur seinen eigenen Anteil zu erbringen, sondern auch für das *Versagen* der anderen einzuspringen. Der Volksmund drückt das so aus: „Alle sitzen in einem Boot". Diese volkstümliche Redeweise bringt gut zum Ausdruck, daß es sich hier um ein Mit-einander-verbunden-Sein nicht nur rechtlicher, sondern *tat*sächlicher Art handelt. Solidarische Verbundenheit besagt, auf Gedeih und Verderb mit einander verbunden sein. Wo dieser Sachverhalt vorliegt, ergibt sich daraus die *Rechts*pflicht, sich so zu *verhalten,* wie es dieser Verbundenheit entspricht oder wie diese Verbundenheit es gebietet. Man kann zwar dagegen aufbegehren; man kann dieser Pflicht zuwiderhandeln und versuchen, sich ihr zu entziehen; man kann sich ihr aber nicht völlig entschlagen; auch wenn man ihr zuwiderhandelt, bleibt man in sie verstrickt.

So entspricht der tatsächlichen Solidarität die solidarische *Gesinnung,* die diese Verbundenheit *bejaht,* und die solidarische *Verhaltensweise,* die diese Verbundenheit praktisch *übt.* Demgegenüber kann die menschliche Schwachheit allerdings auch versagen und versagt leider allzu oft.

Als Ergebnis ist demnach festzustellen: Solidarität bedeutet ein Zweifaches:

1. Eine *Tatsache,* den tatsächlichen Sachverhalt, der völlig unabhängig davon besteht, ob wir darum wissen, ob wir damit einverstanden sind, ob wir ihn wollen oder nicht, und

2. die *sittlich-rechtliche* Forderung oder Verpflichtung, der wir in unserem Verhalten nachkommen, der wir uns aber auch versagen und ihr zuwiderhandeln können; die *Folgen* dieses unseres Wohl- oder Fehlverhaltens müssen wir allerdings in den Kauf nehmen; ihnen können wir uns letztendlich nicht entziehen.

Demnach spaltet unsere Frage, ob in einer wettbewerblich organisierten Weltwirtschaft für weltweite Solidarität überhaupt Platz ist, sich in zwei Fragen auf:

1. besteht in der wettbewerblich organisierten Weltwirtschaft eine solidarische Verbundenheit oder schließt das wettbewerbliche Prinzip diese Verbundenheit mehr oder weniger aus?

2. können die an dieser Weltwirtschaft teilnehmenden Wirtschafts*subjekte,* d. i. unmittelbar die einzelnen Volkswirtschaften, mindestens mittelbar aber auch die Einzelwirtschaften (Betriebe, Unternehmen) sich so verhalten, wie es weltweiter Solidarität entspricht, d.h. Solidarität praktisch üben, und kann man erwarten, daß sie es *tun werden?* Ist ihnen ein solches solidarisches Verhalten überhaupt zumutbar oder hätte es unverhältnismäßige, ja schlechterdings untragbare Nachteile zur Folge, wäre es selbstmörderisch?

Solidarität als sittlich-rechtliche Pflicht

Unser Thema stellt die Frage allerdings ein wenig anders. Es fragt, ob weltweite Solidarität Illusion sei oder Notwendigkeit. Diese Frage kann sich offenbar nur auf die Solidarität als sittlich-rechtliche Pflicht beziehen. Bezüglich einer Tatsache kann man nur fragen, ob sie besteht oder nicht, und zutreffendenfalls ob sie unabänderlich ist und ich mich wohl oder übel damit abfinden muß, oder ob sie sich beheben oder ausräumen läßt und es darum Sinn hat, mich darum zu bemühen. Diesbezüglich kann ich mir auch Illusionen machen, indem mein Wunschdenken mich dazu verführt zu glauben, ich könne da etwas ausrichten, während tatsächlich keine Aussicht besteht, die Dinge zum Besseren zu wenden. In diesem Sinne besteht denn auch die Alternative „Illusion oder Notwendigkeit"; wenn es *keine* Illusion ist, mit weltweiter Solidarität etwas auszurichten und die mit ihr verbundenen Verzichte seien zumutbar und tragbar, dann ist diese praktisch geübte Solidarität *sachlich* notwendig und eben darum auch *sittlich* rechtlich geboten.

Anstatt darüber zu spintisieren, aus theoretischen Prämissen mehr oder weniger bestimmte Thesen zu deduzieren, schauen wir uns lieber die Praxis an, an erster Stelle Gegenstand und Verlauf internationaler Wirtschaftsverhandlungen; dort wird ja an erster Stelle die internationale Wirtschaftspolitik „gemacht" und mehr oder weniger darüber entschieden, wie Interessengegensätze gemeistert und Interessengemeinschaft praktiziert werden soll. Denken wir beispielsweise an die Verhandlungen über Gründung und Erweiterung der EWG oder jetzt EG, oder des GATT, des Internationalen Währungsfonds und vieler anderer inter- und supra-nationaler Institutionen oder auch an die Verhandlungen im Rahmen der Vollversammlung der IAO, aus denen die große Zahl international in Kraft stehender Sozialabkommen hervorgegangen ist.

Warum kommt man überhaupt zu diesen Verhandlungen zusammen? Offenbar, weil man weiß, daß man durch Verständigung weiter kommt und besser fährt als durch hemmungslosen Wettbewerb und Durchsetzen des eigenen Interesses ohne Rücksicht auf die Interessen des oder der anderen. Der Schaden, den man dabei dem anderen zufügt, schlägt auf einen selbst zurück und würde oft den dem anderen abgerungenen Vorteil um ein Vielfaches übertreffen. Die Klugheit, das wohlverstandene Eigeninteresse gebietet, andere Völker und Länder, mit denen man Geschäfte machen will, nicht zu ruinieren, sondern sie zu schonen, um sie als gute Kunden zu behalten, oder noch besser sie zu fördern, damit sie immer zahlungskräftigere Geschäftspartner werden.

Im Erschrecken vor dem unerwarteten Aufblühen und Erstarken der deutschen Wirtschaft in den Jahren vor dem 1. Weltkrieg schrieb eine englische Zeitung, wenn es gelänge, die deutsche Wirtschaft auszuschalten, wäre jeder Engländer doppelt so reich wie zuvor, und fand damit die Zustimmung in weiten Kreisen Englands. Anstatt über diese blamable Unwissenheit und politische Unklugheit den Kopf zu schütteln, entbrannte man bei uns in heller Wut darüber; während des Krieges wurde sie immer wieder aufgetischt und mit der Verwünschung beantwortet, „Gott strafe England".

Heute weiß jedermann, daß Niedergang der deutschen Wirtschaft die englische Wirtschaft in unmittelbare Mitleidenschaft zieht; weiß, daß ebenso unsere Wirtschaft leidet, daß bei uns Arbeitslosigkeit entsteht oder zunimmt, wenn infolge wirtschaftlicher Flaute in den USA, in England, Frankreich oder wo immer Aufträge aus diesen Ländern ausbleiben, unsere Ausfuhr in diese Länder zurückgeht und im gleichen Maß damit die Beschäftigung bei uns schwindet. Bildhaft ausgedrückt: „Ein Schnupfen der US-Wirtschaft bedeutet Lungenentzündung für wirtschaftlich schwächere Länder." – Nichtsdestoweniger versucht auch heute noch jedes Land, durch Machenschaften aller Art Lasten von sich auf andere abzuschieben. Man nennt das ‚beggar your neighbour', „die eigene Last dem Nachbarn aufhalsen", indem man Aufträge und damit Beschäftigung von ihm zu sich herüberzieht und ihm dadurch entzieht; Währungsmanipulationen sind dazu besonders beliebt. Insoweit ist auch bei heutiger gesteigerter Einsicht allen Ländern das Hemd immer noch näher als der Rock.

Aber das besagt nicht, daß man sich der wechselseitigen Verbundenheit und Interessengemeinschaft nicht bewußt wäre oder gar sie grundsätzlich ablehne; es besagt nur, daß man zu schwach ist, um der Versuchung zu widerstehen, mit der faulen Ausrede „einmal ist keinmal" immer wieder für dieses eine mal der eigenen besseren Einsicht zuwider einen augenblicklichen Sondervorteil mitzunehmen, der sich auf längere Sicht doch immer wieder als *trügerisch* erweist. Die weltweite solidarische Verbundenheit ist *keine* Illusion, sondern unumstößliche Tatsache; die durch Zuwiderhandlung gegen diese Solidarität erzielten augenblicklichen Sondervorteile sind „Illusion".

Der klügste unter den Beratern der Ölscheichs, der saudische Ölminister Jamani, dringt bei seinen Kollegen immer wieder darauf, nicht den höchstmöglichen Preis für ihr Öl zu fordern, sondern Maß zu halten. Wenn Ihr durch überhohe Preise für Euer Öl die wirtschaftliche Entwicklung der Bezieher Eueres Öls beeinträchtigt oder gar in den Zusammenbruch treibt, ist das nur Euer Schaden. Ob sie klug genug sind, um auf ihn zu hören, ist nicht unsere Frage. Bestimmt erteilt der Moslem Jamani seine Ratschläge nicht aus christlicher Nächstenliebe zu uns oder anderen Beziehern von Öl, nicht aus der *Gesinnung* weltweiter Solidarität, sondern aus der *Einsicht* in die tatsächlich bestehende Interessensolidarität. – Was hätte der Scheich von Kuwait davon, wenn er seine Milliarden Öl-Dollars bei Daimler-Benz anlegen könnte, aber Daimler-Benz, weil der Treibstoff zu teuer geworden ist, keine Autos mehr absetzen kann?

Wie wir es im eigenen Lande tun, so kann man auch international den Wettbewerb, ohne ihn aufzuheben, vielmehr gerade um ihn funktionsfähig zu machen und zu erhalten, an *Regeln* binden, durch die selbstzerstörerische Ausschreitungen verhindert werden. Ebenso kann man Vereinbarungen über für alle Beteiligten vorteilhafte *Arbeitsteilung* treffen und dadurch nutzlose *Doppelarbeit* ersparen und vieles andere mehr.

Entwicklungshilfe

Bedeutsamster Anwendungsfall weltweiter Solidarität ist oder sollte auf jeden Fall sein die sog. *Entwicklungshilfe.*

Wir, die wir zu den fortgeschrittenen und wirtschaftlich höchstentwickelten Ländern zählen, betreiben Entwicklungs*hilfe* oder vielleicht richtiger gesagt Entwicklungs*politik.* – Ob wir, die BRD, darin genug tun, ob wir das Richtige tun oder ob wir da manches ungeschickt anfassen oder verkehrt anstellen, das soll hier nicht untersucht werden; unsere Frage soll vielmehr sein: *Warum* tun wir das? – Mit „wir" meine ich weder die deutschen Katholiken mit ihrem bischöflichen Werk „Misereor" noch die evangelischen Christen mit ihrem Werk „Brot für die Welt", sondern die Bundesrepublik mit ihrer Außenpolitik und Wirtschaftspolitik. Diese Politik ist bestimmt vom *Eigen*interesse unseres Landes und Volkes, wie wir bzw. unsere Politiker es recht zu verstehen glauben. Wir haben ein elementares Interesse daran, daß das schreiende Mißverhältnis zwischen *unserem* Wohlstand und *deren* Armut beseitigt oder doch abgebaut wird, daß es sich zum allermindesten nicht noch weiter verschlimmert, weil es die höchste *Gefahr* für die politische, soziale und ökonomische Ordnung der Welt und damit auch für unsere eigene in sich birgt. *Wir* sind am Wohl der anderen im höchsten Grade interessiert; *wir* sind ungeachtet aller Interessengegensätze im einzelnen aufs Ganze gesehen mit ihrem Wohl und Wehe aufs engste verknüpft.

Genau das ist die „solidarische Verbundenheit", kraft deren jeder einzelne für das *Wohl* des Ganzen und eben deswegen auch für *Versagen* jedes anderen einzustehen hat. Sie besteht ohne unser Zutun; sie besteht, auch wenn wir sie verkennen, auch wenn wir sie innerlich ablehnen, uns gegen sie sträuben und versuchen, uns den sich daraus ergebenden realen Konsequenzen und juridisch-moralischen Forderungen zu entziehen.

Unseren Politikern ist das *einsichtig.* Im Januar 1960, also *vor* den Enzykliken „Mater et magistra" Johannes' XXIII. (1961) und *vor* „Populorum progressio" Pauls VI. (1967), hat der Wissenschaftliche Beirat beim Bundesministerium für Wirtschaft ein Gutachten erstattet, worin sich das alles dargelegt und begründet findet; auf diese Weise sind unsere Politiker frühzeitig ins Bild gesetzt worden. *Wen* trifft dann aber die Schuld, wenn zuwenig geschehen ist und immer noch viel zu wenig geschieht? Das sagt Paul VI. unzweideutig in „Populorum progressio".

Die Politiker können, so schreibt er uns ins Gewissen, für Entwicklungshilfe immer nur die Mittel einsetzen, die ihnen von den Steuerzahlern dafür zur Verfügung gestellt werden; wenn die Steuerzahler ihnen die Mittel dafür verweigern, dann stehen sie mit leeren Händen da. Darum die Frage: haben wir, hat die Mehrzahl der Steuerzahler die Politiker ermutigt und ihnen die Gewißheit gegeben, „für eine den unterentwickelten Ländern wirklich hilfreiche Entwicklungspolitik stellen wir euch bereitwillig Mittel zur Verfügung; werft für die Entwicklungshilfe reichlich bemessene Beträge aus und sorgt nur dafür, daß sie gut und sinnvoll verwendet werden; eine so gute und wichtige Sache lassen wir uns gern etwas kosten".

Paul VI. weiß sehr wohl, daß bei der Entwicklungshilfe

das Geld nicht die Hauptsache ist und beim Geld es wiederum nicht so sehr auf die Höhe der Beträge ankommt als auf die rechte Verwendung. – Wer von uns nicht selbst in der Bundesregierung oder im Bundestag sitzt, hat an der Entwicklungspolitik zunächst keinen anderen Anteil als den, den er durch *seine* Steuergroschen dazu beiträgt. Bisher haben offenbar auch katholische Steuerzahler noch nicht sehr lebhaft auf diese Anregung Pauls VI. reagiert, und so haben denn auch unsere politischen Parteien bei den Wahlen zum Bundestag noch niemals als „Wahlgeschenk" versprochen, im Bundeshaushalt die Position „Entwicklungshilfe" besonders reichlich zu bedenken. Wüßten sie, daß man damit katholische Stimmen einfängt, dann würden sie sich das bestimmt nicht entgehen lassen. Schelten wir darum nicht unsere Politiker; sie taxieren ihre Wähler leider richtig ein, die Schuld liegt bei uns selbst.

Bei Entwicklungshilfe bzw. Entwicklungspolitik geht es um viel mehr als bloß um wirtschaftliche Entwicklung, und so hat denn dieses Thema uns unvermerkt bereits über den wirtschaftlichen Bereich und die in ihm zu übende weltweite Solidarität hinausgeführt. Darum sei, bevor wir auf diesem Wege weiterschreiten, kurz zusammengefaßt und verdeutlicht, worum es uns hier ging. Was uns beschäftigte, war die Frage, ob oder inwieweit die Weltwirtschaft, obwohl sie wettbewerblich organisiert ist, Raum biete für weltweite Solidarität. Wir konnten uns überzeugen, daß Raum genug dafür vorhanden ist; offen blieb nur, ob oder inwieweit die Menschen, einmal die Staatsmänner, die die Politik „machen", zum anderen mal die an der Spitze weltweit tätiger Unternehmen, der sogenannten „Multis" stehenden Manager, die „die Wirtschaft" machen, sich von der Einsicht in den Sachverhalt, wie er wirklich ist, leiten lassen oder in menschlicher Schwäche der Versuchung *kurz*sichtigen Eigennutzes erliegen und sich dazu verleiten lassen, dieser ihrer eigenen besseren Einsicht zuwiderzuhandeln. Die Versuchung ist groß; das ist im vorhinein nicht anders zu erwarten; ein erdrückendes Maß von Erfahrung bestätigt es; wird es im Bereich der „hohen" Politik anders sein?

Friedenspolitik

Mit dieser Frage lassen wir den Bereich der Wirtschaft und der Wirtschaftspolitik hinter uns, um uns zum Schluß noch wenigstens kurz dem spezifisch als „Politik", als „die hohe Politik" bezeichneten Bereich zuzuwenden, das ist der Außenpolitik insbesondere unter der Rücksicht der *Friedens*politik und des Kriegs- bzw. Militärwesens.

Darin, daß es keinen Weltstaat, keine oberste politische Weltobrigkeit gibt, wir es vielmehr mit einer Vielzahl sich ihrer Souveränität berühmender Einzelstaaten zu tun haben, erkannten wir den Grund dafür, daß die Weltwirtschaft wettbewerblich organisiert ist und mindestens vorerst sich zentralverwaltungswirtschaftlich nicht organisieren läßt. *Hier* haben wir es unmittelbar mit dieser Grundtatsache zu tun. Aber ebenso, wie wir es uns versagen mußten, die Fragen um Wettbewerbswirtschaft und Zentralverwaltungswirtschaft zu vertiefen, müssen wir hier darauf verzichten, in den noch schwierigeren und vielschichtigeren Fragenkreis um Welteinheitsstaat und Vielzahl souveräner oder sich souverän dünkender und souverän gebärdender Einzelstaaten einzusteigen. Nachdem selbst das Zweite Vatikanische Konzil sich veranlaßt gesehen hat, hinter die Aussagen zurückzugehen, zu denen Papst Johannes XXIII. in „Pacem in terris" vorgestürmt war, müssen wir mindestens bis auf weiteres es als unabänderlich hinnehmen, daß für Konflikte von Interessen oder Machtansprüchen souveräner Staaten untereinander es an einer Instanz fehlt, die rechtlich befugt wäre, den Streit an sich zu ziehen, und die über die nötige Macht verfügte, um eigenmächtiger Selbsthilfe zu wehren und den von ihr getroffenen rechtlichen Entscheid notfalls auch gegen den Widerstand des Unterlegenen durchzusetzen.

Bei diesem Sachverhalt trifft alles das, was wir uns über die alle Interessengegensätze überwiegende Interessenverbundenheit der verschiedenen Volkswirtschaften klar gemacht haben, voll und ganz auch auf die Interessengegensätze und die Interessenverbundenheit der Staaten zu. Aber die seit dem 16. Jahrhundert herrschend gewordene Denkweise in den Kategorien der „Staatsräson" macht es den Staatsmännern noch viel schwerer als den Wirtschaftsführern, ganz nüchtern sich dessen bewußt zu sein und zu bleiben und ihre Überlegungen und Entscheidungen von dieser Einsicht leiten zu lassen. Noch schwerer als für die *Politiker* ist das für die hohen *Militärs.*

Ohne jeden Zweifel reicht deren Intelligenz, um die rechte Einsicht zu haben. Im Sinne dieser Einsicht zu *handeln* stellt aber geradezu übermenschliche Anforderungen an sie. Sie, die hohen Militärs und die ihnen unterstellte Wehrmacht sollen sich jederzeit auf dem Höchststand der Bereitschaft befinden für einen Fall, der niemals eintreten, der vielmehr gerade durch die abschreckende Wirkung ihrer Bereitschaft abgewendet werden soll. Sie sollen eine Berufstätigkeit einüben im „Als-ob", sozusagen schaustellerisch, um es zur vollendeten Meisterschaft zu bringen in einer Tätigkeit, die sie – das ist doch die Absicht – in der realen Wirklichkeit, die wir so treffend den „Ernstfall" nennen, niemals auszuüben Gelegenheit haben sollen. Kann man einem Sportler zumuten, das Äußerste aus sich herauszuholen, um sich auf Spitzenleistung zu trimmen, wenn er im vorhinein weiß, er solle niemals Gelegenheit haben, im Wettkampf mit anderen Spitzenkönnern *sein* Können, *seine* Leistungsfähigkeit vor sich selbst und vor der Öffentlichkeit zu beweisen? Genau das wird den Militärs abgefordert. Die Feuerwehr darf sich ehrlich freuen, wenn sie einmal nicht zur Übung, sondern im Ernstfall ausrückt. Der Vier-Sterne-General darf mit einem solchen Gedanken nicht einmal auch nur ganz flüchtig „spielen" – der Gedanke wäre satanische Versuchung.

*Un*vermeidlich aber ist eine andere Versuchung; sie entspringt der generalstäblerischen Tätigkeit, die zum Großteil darin besteht, alle erdenklichen, noch so heimtükkischen feindseligen Machenschaften eines potentiellen Gegners in Erwägung zu ziehen und bis ins Kleinste durchzudenken, um Vorkehrungen dagegen zu treffen und eine wirksame Abwehr planerisch vorzubereiten. Führt das nicht fast unausbleiblich dazu, dem potentiellen Gegner alle diese Bosheiten und Falschheiten *zuzutrauen,* sie ihm zu unterstellen, wodurch allmählich ein „*Feind*bild" von ihm entsteht, das ihn nicht mehr als bloß potentiellen, sondern als *aktuellen* Gegner erscheinen und Haß, ja Angriffslust gegen ihn entbrennen läßt? Sind dann noch gegensätzliche, letzten Endes weltanschaulich begründete Werthaltungen im Spiel wie zwischen den Blöcken der sog. freien und der sog. autoritär-totalitären (kommunistischen) Welt, dann ist es ganz außerordentlich schwer, von allen Emotionen frei nüchtern daran festzuhalten, daß wir dennoch aufs Ganze gesehen alle miteinander auf Gedeih und Verderb verbunden und auf einander angewiesen sind und Verantwortung für einander tragen.

Obwohl mir, wie ich schon einmal betonte, für Fragen der hohen Politik die fachmännische Kompetenz abgeht, glaubte ich, die weltweite Solidarität im politischen Bereich nicht aus dem von mir zu behandelnden Thema aussparen zu dürfen. Darum schien es mir geboten, von den Politikern und den hohen Militärs und ihrer Verantwortung zu sprechen, insbesondere von den Versuchungen, denen sie in unvergleichlich höherem Maß ausgesetzt sind als wir schlichten Staatsbürger oder auch der schlichte Soldat, der gewissenhaft seine Wehrpflicht ableistet und dabei bestimmt keinen anderen Wunsch hat, als möglichst bald zu seinem „Zivil"-Beruf zurückkehren zu können.

Staatsbürgerliche Verantwortung

Ich würde mich aber einer Unterlassung schuldig machen, wenn ich in diesem Zusammenhang nicht auch von der Verantwortung spräche, in der wir alle schon als Staatsbürger, in gesteigertem Maß als *christliche* Staatsbürger stehen. Von Rechts wegen sollte niemand besser gegen allen engherzigen nationalen Egoismus und Partikularismus gefeit sein und sich weitherziger, wirklich weltweiter politischer Solidarität verpflichtet wissen und fühlen als wir Christen unter den Christen noch einmal in besonders hohem Grade die Diener der Kirche, die von ihrem göttlichen Stifter Jesus Christus an alle Menschen ohne Unterschied der Nation oder der Rasse, des Wohnsitzes oder der Staatsangehörigkeit gesandt ist und ihnen die Botschaft der Gottes- und Nächstenliebe und des Friedens zu bringen beauftragt ist. Sind wir es wirklich? Dürfen wir uns dieserhalb ganz sicher, von Versuchungen unanfechtbar fühlen?

Im Zweiten Weltkrieg hat der tiefe Gegensatz, in dem wir als Christen zur nationalsozialistischen Staatsführung standen, und das Bewußtsein oder mindestens die begründete Besorgnis, daß sie diesen Krieg verbrecherisch vom Zaune gebrochen habe, uns davor bewahrt, uns vom nationalen Überschwang mitreißen zu lassen und die Solidarität mit den auf der anderen Seite kämpfenden Völkern zu vergessen. – Im 1. Weltkrieg, wo wir uns als die zu Unrecht angegriffenen ansahen, hat es uns an einem solchen Schutz gefehlt. Um uns Heutigen ein Bild zu machen von dem nationalen Enthusiasmus und der Kriegsbegeisterung, in die wir uns verrannt hatten, genügt ein Blick in die „Kriegspredigten" von damals. In den Predigten, die unsere Feldgeistlichen ihren Soldaten hielten, mag Stimmung und Sprache des Offizierskasinos nachklingen. Aber die Predigten des Pfarrklerus in den Pfarrkirchen klangen zum guten Teil nicht sehr viel anders. Und diese Predigten stießen keineswegs auf den einmütigen Widerstand des gläubigen Volkes; sie entsprachen vielmehr durchaus dessen eigener Stimmung und Erwartung; erst der unmittelbar bevorstehende Zusammenbruch ließ auch diese Stimmung und Erwartung zusammenbrechen.

Heute haben wir wieder Schutz vor solcher geistiger Verirrung. Heute ist es die *Atom*bombe, die uns davor schützt, genauer gesprochen die *Angst* vor dem, was uns bevorstünde, wenn es zum 3., mit Atombomben ausgetragenen Weltkrieg und zu dem durch diesen menschlichen Aberwitz vorweggenommenen Weltende käme. Ob die Angst vor der Atombombe ausreicht, um den Ausbruch des Krieges und den Einsatz der nuklearen Waffen zu verhüten, oder ob sie auch nur wirksam dazu beiträgt, ist zweifelhaft und lebhaft umstritten. Darüber brauchen wir hier nicht zu entscheiden; uns *als Christen* genügt die bloße Angst vor der Atom-Bombe auf keinen Fall. Wir als Christen haben die Aufgabe, den Weltfrieden auf eine sicherere Grundlage zu stellen, nicht auf die Angst vor dem Furchtbaren, das *uns* treffen könnte, sondern auf die Solidarität, die in der zur Einheit zusammengewachsenen Welt uns mit allen Völkern verbindet und in Pflicht nimmt.

Das eigene Vorbild

Demzufolge hätte ich zum guten Schluß Ihnen ein Programm vorzulegen, was wir für diese weltweite Solidarität *tun,* wie wir sie bei uns selbst hegen und pflegen und in unserer Umgebung verbreiten können. Das geht weit über meine Kräfte. Erlauben Sie mir statt dessen einen kleinen Hinweis. Wenn gläubige Christen unter einander oder auch mit Nicht-Christen, die für den Frieden und namentlich für Gewaltverzicht eintreten, Gedanken austauschen, dann ereifern sie sich nicht selten in solchem Maß, daß der zunächst ruhige und friedliche Gedankenaustausch zu lebhaftem Streit entartet und man es darauf ablegt, dem Andersdenkenden die eigene Meinung geradezu gewaltsam aufzudrängen – mit Berufung auf das Friedensgebot der Bergpredigt. Man läßt sich dazu hinreißen, dem Andersdenkenden den guten Willen, ja die ehrliche Überzeugung abzusprechen; es kommt zu gegenseitigen Herabsetzungen; die Meinungsverschiedenheit wird zur Polarisierung. *Üben* wir doch die Friedensgesinnung und den Gewaltverzicht zu allererst dann und dort, wann und wo wir uns für Frieden und Gewaltverzicht einsetzen.

Mir steht immer noch eine Tagung in Erinnerung, bei der im Glauben und in ihrer Wirksamkeit eng mit einander verbundene Menschen über ihre Meinungsverschiedenheiten in Sachen des Friedens und der Gewaltlosigkeit sich fast verkracht haben, in Gefahr waren, in Gereiztheit und Unfrieden auseinanderzugehen. Gewiß, das sind Fragen, die tief bis ins Letzte gehen, für die man sich bis zum Letzten engagieren kann. Gut, daß wir sie so ernst nehmen. Vergessen wir aber nicht, für das, wofür wir andere gewinnen wollen, selbst das Vorbild zu geben.

III

Gesellschaftspolitische Aspekte der Arbeitszeitverkürzung

In den Rahmen der aktuellen Diskussion über Arbeitsbeschaffung und Überwindung der Arbeitslosigkeit fügen die gesellschaftspolitischen Aspekte der Arbeitszeitverkürzung sich nicht ein. Der Rahmen der aktuellen Diskussion ist genau umschrieben durch die Themen: Arbeitszeitverkürzung aus der Sicht der Arbeitgeber und der Sicht der Gewerkschaften; sie haben zum ausschließlichen Gegenstand diejenige Arbeit, deren zeitliche Dauer sich gesetzlich oder tarifvertraglich regeln läßt, d.i. die im Dienstvertrag (Lohnarbeitsverhältnis) geleistete unselbständige Erwerbstätigkeit.

Dieser Teilbereich der Arbeit fesselt seit 150 Jahren unsere Aufmerksamkeit in solchem Grad, daß wir in Gefahr sind, völlig zu übersehen, daß er nicht nur auf Weltweite gesehen oder in bezug auf die Menschheitsgeschichte an Umfang oder Menge, beispielsweise nach Arbeitsstunden gerechnet, weit zurücksteht hinter anderen Arten von Arbeit, insbesondere von in andere Rechtsgestalt gekleideter Arbeit. Selbst in den industriell höchstentwickelten Ländern dürfte – ganz abgesehen von der selbständigen Erwerbstätigkeit und von der heute immer mehr um sich greifenden Schwarzarbeit – die sogenannte „Eigenarbeit",

---

Vortrag, gehalten auf dem von der SPD veranstalteten „Forum Arbeitszeitverkürzung" im Erich-Ollenhauer-Haus in Bonn am 5. 11. 1982. – Ursprünglich veröffentlicht in: Bundesarbeitsblatt 1983, Nr. 1, S. 23–25 unter dem Titel „Anteil einräumen".

in der Hauptsache die ohne ökonomischen Entgelt geleistete und daher in die volkswirtschaftliche Gesamtrechnung nicht eingehende Arbeit der Frauen in den Haushalten, auch heute noch an Stundenzahl überwiegen und bei weiterer Verkürzung der Lohnarbeit im Verhältnis zu dieser sogar wieder zunehmen. Diese an Bedeutung für den Fortbestand unserer Gesellschaft nicht zu überschätzende Arbeit spielt in der Diskussion über Arbeitszeitverkürzung keine Rolle. Bestenfalls wird beiläufig vermerkt, die Arbeitszeitverkürzung, die allein wir meinen und von der allein wir reden, mache für sie mehr Zeit frei und schaffe günstigere Voraussetzungen für sie. Weiter reicht die übliche Sicht nicht.

Um die gesellschaftspolitische Bedeutung der Länge oder Kürze der Arbeit richtig zu sehen, ist es unerläßlich, die Arbeit insgesamt ins Auge zu fassen. Wieviel Arbeit brauchen wir?

Das hängt offenbar davon ab, wozu wir sie brauchen. In ihrem vorigjährigen Wilhelmshöher Gespräch hat die Evangelische Landeskirche Kurhessen-Waldeck diese Frage dahin beantwortet: Einmal um unseren Lebensunterhalt zu beschaffen, zum anderen um einen sinnvollen Lebensinhalt zu haben. – Erwerb nur um des Erwerbes willen oder um den Lebensunterhalt immer aufwendiger gestalten zu können, ist kein sinnvoller Lebensinhalt. Unsere politische Tagesdiskussion sieht das ganz anders, beantwortet die Frage nach dem „wozu“ ganz anders: Wir brauchen Arbeit, um die Arbeitslosen zu „beschäftigen“, Arbeit um der Beschäftigung willen!

Vieldeutiges Wort „Beschäftigung"

„Beschäftigung", eines der vieldeutigsten und darum gefährlichsten Wörter unserer Sprache! Es kann den positiven Sinn haben, daß der Mensch etwas Sinnvolles tut oder leistet, das seine Kräfte und Fähigkeiten, anstatt daß sie brachliegen und verkümmern, in Anspruch nimmt und damit zugleich zur Entfaltung bringt. Jemand „beschäftigen" kann aber auch besagen, ihm etwas zu tun zu geben, das seine Zeit ausfüllt und ihm damit die Zeit und Gelegenheit für anderes entzieht. So kann man Kinder mit einem harmlosen Spiel „beschäftigen", damit sie Ruhe halten und niemanden stören. Jedes tyrannische System denkt sich „Beschäftigungen" für seine Untertanen aus, Aufmärsche und andere Großveranstaltungen, die ihnen die Zeit und Gelegenheit nehmen zum Denken oder gar zum Planen, wie sie die mißliebige Herrschaft abschütteln könnten. Schließlich meint „Beschäftigung" auch die gemächliche Arbeit oder so zu tun, als arbeite man im Gegensatz zur ernsthaft betriebenen, streng angespannten Arbeit. – Wenn wir Beschäftigungspolitik betreiben, um Menschen in „Beschäftigung" zu bringen, worum handelt es sich da?

Auch bei der Beschäftigungspolitik handelt es sich immer noch nur um die Arbeit, die wir gesetzlich oder tarifvertraglich regeln können, und diesbezüglich verhält es sich so: Die Wirtschaft braucht diese Arbeit nicht. Aus diesem Grunde sind die Arbeitsfähigen und Arbeitswilligen arbeitslos. Für unseren Lebensbedarf, auch der Arbeitslosen, reicht das, was die derzeit Beschäftigten erzeugen, völlig aus. Dank des Anstiegs der Arbeitsproduktivität steht dafür heute sogar mehr zur Verfügung als zur Zeit der Voll- und Überbeschäftigung, als wir die ausländischen Arbeiter herbeiriefen.

Um zu produzieren, was wir – die Arbeitslosen eingeschlossen – brauchen, um unseren gewohnten anspruchsvollen Bedarf zu decken, brauchen wir keine zusätzliche Arbeit. Auch für die Arbeitslosen ist genug da und wird auf den verschiedensten Wegen und Umwegen für sie abgezweigt oder ließe sich auf jeden Fall für sie abzweigen. Anstatt ihren Lebensunterhalt durch öffentliche Maßnahmen aus dem Arbeitsertrag anderer zugeführt zu bekommen, will die Mehrzahl von ihnen um ihrer Selbstachtung willen, den Lebensunterhalt durch eigene Arbeit verdienen. Das braucht aber keine Mehrarbeit zu sein. Es genügt völlig, ihnen einen Anteil an der bisher schon geleisteten Arbeit einzuräumen.

Anstatt daß die in Beschäftigung Stehenden über Steuern, Versicherungsbeiträge u.a.m. einen Teil ihres Arbeitsertrages abgeben, könnten sie unmittelbar von ihrer Arbeit den entsprechenden Teil abgeben – selbstverständlich mit der abgegebenen Arbeit auch den zugehörigen Arbeitslohn. Damit wäre nicht nur das durch die Arbeit erzeugte Produkt einfacher und gerechter, sondern auch die das Produkt erzeugende Arbeit selbst sinngemäß verteilt. Ohne mehr Beschäftigung wären mehr, wären alle beschäftigt. Das setzt allerdings voraus, daß die Solidarität derer, die Arbeitsplätze haben, mit den Arbeitslosen sich nicht darin erschöpft, ihnen von ihrer Arbeit etwas abzugeben, den Lohn für diese abgegebene Arbeit aber behalten zu wollen. Ohne die Bereitschaft zu einem echten Verzicht geht die Rechnung nicht auf.

„Mit oder ohne Lohnausgleich", das ist die entscheidende Frage. Dabei ist der Verzicht, wie schon angedeutet, mehr „optisch" als real. Der Verdeutlichung halber sei hinzugefügt: Bei Vollbeschäftigung kann man den Produktivitätsfortschritt entweder bei gleichbleibender Arbeitszeit in Lohnerhöhung oder bei gleichbleibendem Lohn in Arbeitszeitverkürzung ausschütten oder auf beide Formen aufteilen. Um bei Stagnation mehr Menschen in Beschäftigung zu bringen, müssen diejenigen, die in Beschäftigung stehen, einen Bruchteil ihrer Arbeitsstunden und des zugehörigen Lohnes an die Arbeitslosen abtreten.

Wozu Mehrarbeit?

Das ist eine rein ökonomische modelltheoretische Analyse. Die Eigenart des Modells ist, positiv ausgedrückt, die Konstanz des Arbeitsvolumens, negativ, der Ausschluß von Mehrarbeit. Ziehen wir dagegen Arbeitsbeschaffung im Sinne von Vergrößerung des Arbeitsvolumens in Betracht, dann wird der gesellschaftspolitische Aspekt relevant. Dann drängt sich die Frage auf: Wozu diese Mehrarbeit? Zum Glück gibt es im Augenblick noch einen bedeutenden echten Bedarf an Mehrarbeit: Arbeit, um die angerichtete Umweltzerstörung wieder in Ordnung zu bringen und weiterer Umweltzerstörung vorzubeugen. Von dieser Reserve können wir noch eine Zeitlang zehren.

Arbeit bloß um der „Beschäftigung" willen wäre Arbeit um ihrer selbst willen. Zur Arbeit gehört ein Sinn oder Ziel, um dessentwillen man arbeitet. Andernfalls ist es keine Arbeit. – Investieren, um Menschen zu „beschäftigen", auch wenn wir ausreichende Kapazitäten haben oder unter Überkapazitäten leiden und darum keine Investitionen brauchen, und erst recht Investitionen, die den Anstieg der Arbeitsproduktivität beschleunigen und im Ergebnis mehr Arbeitskräfte freisetzen, als Arbeitskräfte zu ihrer Erstellung eingesetzt wurden, sind sinnwidrig. Menschen damit beschäftigen heißt, ihnen sinnwidrige Arbeit zuzumuten. Genau besehen ist es ein Verstoß gegen ihre Menschenwürde.

Auch die gutgemeinte Absicht, ihnen damit Gelegenheit zu geben, auf redliche Weise ihr Brot zu verdienen, ändert daran nichts. Objektiv bleibt diese Arbeit – immer unter den angenommenen Voraussetzungen – ebenso sinnlos wie Sand von links nach rechts und von rechts wieder zurück nach links zu karren. Damit haben wir den rein ökonomischen Bereich überschritten und den Bereich der Humanität oder der Ethik betreten – unser erster Schritt zur Gesellschaftspolitik.

So wie wir die Arbeitszeitverkürzung zu diskutieren gewohnt sind, ist und bleibt sie eine Eigentümlichkeit einer Gesellschaft, die sich als Arbeitnehmergesellschaft versteht und „bezahlten Urlaub" im Katalog ihrer Menschenrechte aufzählt. Die Ursache aber, die zu unserer Problematik führt, nämlich die fortschreitende Minderung der zur Beschaffung der Unterhaltsmittel benötigten Menge von der Arbeit, ist im Begriff, sich auf einen ständig sich erweiternden Teil der Welt auszubreiten und muß auf weite Sicht einen tiefgehenden Wandel der menschlichen Gesellschaft herbeiführen.

In den fortgeschrittenen Ländern dient heute schon von der insgesamt verrichteten Arbeit nur noch ein geringer Bruchteil der Erzeugung dessen, was wir zu unserem Lebensunterhalt brauchen, und der Erstellung der benötigten oder von uns begehrten Dienstleistungen. Mit der überall steigenden Produktivität der Arbeit steigt bei gleichbleibendem Arbeitsvolumen das Güterangebot exponentiell ins Ungemessene. Auf die Dauer kann die Nachfrage damit nicht Schritt halten. Der menschliche Bedarf, die menschliche Aufnahmefähigkeit ist zwar indefinit, aber nicht infinit steigerungsfähig.

Verringert sich also die Menge der dafür zu leistenden Arbeit, dann steht nur zur Wahl, entweder eine immer kleinere Zahl von Menschen diese Arbeit tun zu lassen oder nach wie vor die große Mehrheit der Menschen daran zu beteiligen mit immer kleineren Beiträgen, die das Leben immer weniger ausfüllen, trotzdem aber mehr einbringen, als für eine anspruchsvolle Lebenshaltung benötigt wird. Damit stehen wir vor einer grundlegenden Entscheidung darüber, wie wir uns die künftige menschliche Gesellschaft vorstellen und auf welches gesellschaftliches Ordnungsbild hin wir unsere beschäftigungspolitischen Maßnahmen ausrichten.

Solange die Beschaffung der Unterhaltsmittel die angestrengte Arbeit aller erforderte und nur einer hauchdünnen Oberschicht freie Zeit für höher geschätzte Tätigkeiten gewährte, ließ sich wohl kein wesentlich anderer als der bis heute bestehende Zustand ermöglichen. Seitdem ein immer geringerer Teil unserer Zeit und Kraft dafür ausreicht, kann nicht nur eine solche verschwindende Minderheit, sondern die große Mehrheit, letztendlich die Gesamtheit der Menschheit einen immer mehr zunehmenden, schließlich den ganz überwiegenden Teil ihrer Zeit dazu verwenden, an allen Gütern der Kultur nicht nur passiv teilzuhaben, sondern aktiv mitzuwirken.

Kein akademisches Proletariat

Es wäre doch sinnlos und unverantwortlich, einem immer mehr schrumpfenden Teil der Bevölkerung die Last der Unterhaltsmittelbeschaffung aufzubürden und für den sich ständig vermehrenden anderen Teil nach „Beschäftigung" zu suchen. Vielmehr könnte und sollte es allen ermöglicht werden, mit einem Bruchteil ihrer Zeit sich an dieser Last zu beteiligen und den immer weiter wachsenden anderen Teil ihrer Zeit für die Pflege kultureller Güter und Werte, zunächst für die Pflege der Gemeinschaft im

Intimkreis der Familie, darüber hinaus für wissenschaftliche oder künstlerische Tätigkeit oder für gemeinnützige Wirksamkeit im vorpolitischen und politischen Raum zu verwenden.

Wenn, wie es heute erstrebt wird, allen dazu Befähigten höhere schulische bis akademische Bildung vermittelt wird, dann stehen auch diejenigen, die unmittelbar Beschaffung der Unterhaltsmittel als Erwerbsberuf betreiben, auf akademischer oder vergleichbarer Bildungsstufe. Der Akademiker brauchte sie nicht mehr als vermeintlich für ihn „unzumutbar" abzulehnen.

Heute ist mit dem Entscheid, welcher Schule der junge Mensch zugeführt wird, meist auch schon über seinen künftigen Lebensweg, über sein Einkommen und über die soziale Schicht, der er angehören wird, entschieden. Dem wird der Boden entzogen. Ich sage nicht, daß es so kommen wird. Ich sage nur, daß es so kommen kann. Ich zeige nur eine Möglichkeit unter anderen auf, nämlich diejenige, die ich als Ziel unserer Beschäftigungspolitik ins Auge fasse und als erstrebenswert ansehe und dementsprechend ich die Mittel und Maßnahmen unserer Beschäftigungspolitik auswählen möchte, also nicht Wirtschaftswachstum um der „Beschäfigung" willen, sondern Arbeitszeitverkürzung um der Sinnerfüllung des Lebens willen.

Ich weiß sehr wohl, gegen das, was ich hier vorgetragen habe, lassen sich Einwände erheben. Die meisten beruhen auf Mißverständnis und lassen sich mühelos ausräumen. Andere sind sachlich und ernst zu nehmen. Nur komme mir niemand mit dem Einwand: „Wer soll das bezahlen?" Alles, was sich güterwirtschaftlich erstellen läßt – und nur von solchem war in meinen Ausführungen die Rede –, das läßt sich auch finanzieren unter der einzigen Bedingung, daß man es ehrlich und ernstlich will.

IV

Partnerschaft im Unternehmen

Für eine neue Sicht von Kapital und Arbeit

Herr Bundespräsident, sehr verehrter Herr Westrick, hochansehnliche Versammlung, ich habe Ihnen zu danken; ich weiß nicht, wie ich diesen Dank zum Ausdruck bringen kann. Es tut mir eigentlich leid, daß Sie um meinetwillen sich bemühen mußten, um meinetwillen Ihre Zeit opfern mußten, in der Sie viele nützliche Dinge zur Ehre Gottes und zum Wohl der Menschen hätten tun können. Es ist so beschlossen worden, und ich nehme es mit Beschämung entgegen, daß Sie mich in dieser Weise auszeichnen.

Es ist der Wunsch geäußert worden, daß ich nicht nur eben das schuldige Wort des Dankes sage, sondern auch ein kurzes Referat Ihnen vortrage. Sie wollen mir also noch weitere 20 Minuten schenken.

Frieden oder nur Waffenstillstand?

Über das Thema dieses Preises sollte ich etwas sagen. Der Preis, den Sie mir zuerkannt haben, will Verdienste um die

---

Vortrag, gehalten anläßlich der Verleihung des Ludger-Westrick-Preises im „Römer" der Stadt Frankfurt/Main am 9. 11. 1982. – Ursprünglich veröffentlicht in: Orientierungen zur Wirtschafts- und Gesellschaftspolitik; Veröffentlichung der Ludwig-Erhard-Stiftung Heft 14 (4/1982) S. 25–28 unter dem Titel „Unternehmen brauchen eine souveräne Führung; die unternehmerische Verantwortung von Kapital und Arbeit"; in: Wirtschaftswoche Nr. 3 (1983) S. 46–50, unter dem Titel „Mangel an Motivation"; in: bku-rundbrief, nr. 2 (Mai 1983) S. 4, 5 und 8.

Partnerschaft im Unternehmen ehren. Diese Partnerschaft im Unternehmen kann und will beitragen zum inneren und sozialen Frieden. Mit dem letzteren ist offenbar gemeint der Friede zwischen den beiden in unserer Gesellschaft einander gegenüberstehenden organisierten Arbeitsmarktparteien der Arbeitgeber und der Arbeitnehmer, die Arbeitskämpfe gegeneinander führen und durch Vertragsschlüsse wieder beilegen. Von den einen werden sie als bloß vorübergehende Waffenstillstände, von anderen als echte Friedensverträge verstanden. Auszeichnendes Merkmal der Partnerschaft im Unternehmen ist, daß sie von beiden Seiten nicht nur als echter Friedensschluß, sondern als auf die Dauer angelegte und darum institutionalisierte friedliche Zusammenarbeit verstanden und durchgeführt wird. Die von den beiden Partnern eingebrachten und unvermeidlich fortbestehenden divergierenden Interessen sollen „aufgehoben" sein in der überwiegenden Interessenverbundenheit und Zusammenarbeit im Hinblick auf ein gemeinsames Ziel. Beide Teile sind sich dessen bewußt, daß keiner den anderen entbehren kann, und bejahen das.

Besonderer Verdienste um die Partnerschaft im Unternehmen, die Sie mir durch die Verleihung dieses Preises zuerkennen, bin ich mir trotz meiner langjährigen Beziehungen zu Arbeitsgemeinschaft Partnerschaft und zu Herrn Gaugler persönlich nicht bewußt. Ich will aber versuchen, Ihnen in aller Kürze einige Gedanken vorzulegen.

Dichotomische Vorstellung vom Unternehmen

Der Diskussion, wie sie über das Unternehmen überhaupt und daher auch für und gegen die Partnerschaft im Unternehmen geführt zu werden pflegt, scheint mir eine unzutreffende, nämlich dichotomische Vorstellung vom Unternehmen zugrunde zu liegen. Als konstitutiv für das Unternehmen werden die beiden Produktionsfaktoren Arbeit und Kapital angesehen. Nach dieser Vorstellung wäre auch der Konflikt der nun einmal unvermeidlich einander widerstreitenden Interessen dieser beiden Faktoren für das Unternehmen konstitutiv und hinge das Funktionieren des Unternehmens davon ab, ob oder inwieweit es gelingt, einen für beide Teile annehmbaren Ausgleich zwischen diesen miteinander konfligierenden Interessen zu finden. Diese bipolare oder dichotomische Vorstellung vom Unternehmen besteht sowohl auf liberaler als auch auf marxistischer Seite, allerdings in zwei Varianten. Während die liberale Variante die Partnerschaft im Unternehmen zwar skeptisch beurteilt, ohne ihr jedoch Aussicht auf Gelingen abzusprechen, ist nach der marxistischen Variante jeder Versuch in dieser Richtung im vorhinein zum Scheitern verurteilt – unentrinnbare Folge des „Grundwiderspruchs des Kapitalismus".

Eigenartigerweise besteht hier übrigens wenigstens im negativen Übereinstimmung zwischen Karl Marx und der katholischen Soziallehre; in den Vorstellungen beider vom Unternehmen fehlt die Haupt- und Schlüsselfigur des Unternehmens, der Unternehmer. Weder Marx noch die katholische Soziallehre scheinen den Unternehmer zu kennen. Marx kennt nur den „Kapitalisten", das heißt den Geldgeber. Die katholische Soziallehre kennt nur den Arbeitgeber, den Träger der Rechte und Pflichten gegenüber den Arbeitnehmern, und übersieht seine Führungsaufgabe im Hinblick auf die Leistung des Unternehmens in seiner Umwelt und damit das Spezifische der Unternehmerfunktion. Pfister hat den hier zwischen der katholischen Soziallehre und dem typischen Liberalismus bestehenden Dissens überspitzt aber treffend so charakterisiert, die liberale Ökonomie sei soziologieblind, die katholische Soziallehre sei marktblind.

Zum Unternehmen gehört an allererster Stelle ein Unternehmer, das ist jemand, der mit denen, die ihre Arbeit, und denen, die ihr Geld einsetzen, etwas unternimmt. Dieser Unternehmer kann eine Einzelperson sein, kann aber auch und wird bei Großunternehmen in der Regel ein Führungsgremium, ein nach bestimmten Normen gebildetes Willensbildungsorgan sein. Obwohl unentbehrlich aufeinander angewiesen, finden die beiden Elementar- oder Materialfaktoren Arbeit und Kapital nicht von selbst den Weg zueinander und zu etwas, das sie miteinander „unternehmen"; sie brauchen jemand, der sie zusammenbringt; in der alten Schulsprache ist er der Formalfaktor, der die beiden Materialfaktoren in die „Form" des Unternehmens bringt, aus ihnen, oder richtiger mit ihnen zusammen ein Unternehmen „formt". Er ist es, der die Dichotomie der von den beiden Materialfaktoren Arbeit und Kapital eingebrachten, unvermeidlich in gewichtigen Stücken divergierenden, ja konfligierenden Interessen „aufhebt", indem er sie zu einer gemeinsamen Aufgabe und damit zu einem überragenden gemeinsamen Interesse koordiniert und integriert.

Mißverstandene Mitbestimmung

Typisch für das Verkennen des Unternehmers und seiner Funktion ist das immer wiederkehrende Mißverständnis der Mitbestimmung als ein „Dreinreden" der Arbeitnehmer in die wirtschaftlichen Entscheidungen; wenn das der Sinn der Mitbestimmung wäre, dann würde ich sie noch viel entschiedener bekämpfen, als ich mich für die richtig verstandene Mitbestimmung einsetze. – Wie dem aber auch sei, das Unternehmen braucht notwendig eine von den Sonderinteressen der beiden Materialfaktoren Arbeit und Kapital unabhängige, ich scheue nicht zu sagen „souveräne" Führung, und darum braucht es ein Führungsorgan, das den unentbehrlichen einheitlichen Führungswillen bildet und ihn auf die Gesamtheit derer überträgt, die an dem, was da „unternommen" wird, teilnehmen. Um das leisten zu können, muß das Führungsorgan, der „Unternehmer", getragen sein vom Vertrauen beider das Unternehmen tragenden Materialfaktoren, denn nur so können sie ihre Sonderinteressen in dem gemeinsamen übergeordneten Interesse am Erfolg des Unternehmens zuverlässig „aufgehoben" wissen; dazu ist erforderlich, daß der Unternehmer seine Legitimation von beiden Seiten herleitet und seine Funktion im Bewußtsein seiner Verantwortung gegenüber ihnen beiden ausübt.

Es wäre reizvoll, hier auf die Verwandtschaft einzugehen zwischen Partnerschaft im Unternehmen und Mitbestimmung im Unternehmen, zu untersuchen, worin beide übereinstimmen und worin sie sich unterscheiden, inwieweit sie einander ergänzen oder nach solcher Ergänzung rufen oder, nach gegenteiliger Meinung, miteinander unverträglich sind, sich gegenseitig ausschließen. Davon ist aber hier nicht zu handeln, sondern von dem Unternehmer und seiner Aufgabe, die er in allen Fällen zu erfüllen hat, wenn auch unter sehr verschiedenartigen Bedingungen.

Leistung des Unternehmers

Unsere mathematisch formalisierte Einzelwirtschaftslehre ist leider allzusehr dazu angetan, die Vorstellung zu suggerieren, der Unternehmer spiele die Rolle des auf Marktsignale passiv reagierenden Computers. Das führt gerade hier völlig irre. Zwar darf kein Unternehmer sich erlauben, Marktsignale zu ignorieren und einfach bei seinem gewohnten Trott zu beharren. Der sogenannte „Marktgehorsam" ist unbestreitbar eine conditio sine qua non für den Erfolg des Unternehmens, aber wehe, wenn die Leistung des Unternehmers sich darin erschöpft. Er selbst setzt Marktsignale; er hat Ideen zu produzieren; vor allem anderen hat er diejenigen, die im Unternehmen ihren personalen Einsatz leisten, zu inspirieren. Und gerade dieses letztere gehört zur Partnerschaft im Unternehmen, ohne das wäre sie nur leeres Geklapper aber keine lebendige Wirklichkeit.

Streng genommen erfordert das Unternehmen, recht verstanden, in jedem Fall ein Mindestmaß von Partnerschaft der beiden Materialfaktoren Arbeit und Kapital unter der Führung des Formalfaktors „Unternehmer"; strittig kann nur sein, wie hoch das unentbehrliche Mindestmaß anzusetzen ist, ob es sich unter vernünftigen Menschen mehr oder weniger von selbst einstellt oder ob es dazu institutioneller Maßnahmen bedarf oder durch solche Maßnahmen sich steigern ließe; zu fragen wäre weiter, welcher Art diese institutionellen Maßnahmen sein könnten, so insbesondere, ob sich aus dem Prinzip der Partnerschaft ein allgemein verbindliches Modell ableiten läßt oder ob wir uns eine Vielzahl von Modellen ausdenken können, um daraus das in jedem Einzelfall geeignetste auszuwählen.

Für alle hier anzustellenden Überlegungen kommt es entscheidend darauf an, was genau wir meinen, wenn wir vom „Unternehmer" reden. Unsere gebräuchliche Redeweise und die in ihr zum Ausdruck kommende Vorstellung setzt das Unternehmen, namentlich das in die Rechtsform der Kapitalgesellschaft gekleidete große Unternehmen, das eine Mal mit dem „Inhaber", hier der juristischen Person der Gesellschaft gleich, das andere Mal mit den in der Bilanz aufscheinenden Aktiven und Passiven oder richtiger mit deren jeweiligem Saldo, verwechselt also das Unternehmen im einen Fall mit dessen Inhaber, das andere mal mit dem im Unternehmen investierten Vermögen.

Über das so mißverstandene Unternehmen werden wir von der Betriebswirtschaftslehre belehrt, sein Ziel sei die Gewinnmaximierung. Offenbar liegt dieses Ziel im unmittelbaren Interesse der Einsetzer von Kapital; die am so verstandenen Unternehmen gar nicht „beteiligten" Einsetzer ihrer Arbeitskraft sind an diesem Ziel nur mittelbar insoweit interessiert, als ihre Arbeitsplätze nur so lange gesichert sind, als es dem Unternehmen gelingt, zum mindesten den Kostenaufwand zu erwirtschaften, an erster Stelle die Lohnkosten. Primäres Interesse derer, die durch ihre Arbeit im Unternehmen ihren Lebensunterhalt verdienen, sind nun einmal gute und sichere Löhne; diese aber sind für die Unternehmen Kosten und stehen daher unter dem Druck der Kostenminimierung, und besteht immer die Gefahr, daß, anstatt durch technische und organisatorische Innovationen die Arbeitsproduktivität zu steigern und auf diese Weise den realen Aufwand an Arbeit zu minimieren, die Löhne unter Druck zu setzen und auf diese Weise den monetären Aufwand für Arbeit zu senken. Das liegt in der Natur der Sache und läßt sich daher auch durch Partnerschaft im Unternehmen nicht ausräumen; auch bestenfalls läßt es sich nur „aufheben". Ich liebe dieses Zauberwort „aufheben" ganz und gar nicht, aber hier sehe ich keinen Weg, um an ihm vorbeizukommen; was will ich damit sagen?

Nach allem Vorgesagten dürfen wir, um unsere Frage in den Griff zu bekommen, nicht ausgehen von der Dichotomie der Interessen derer, die ihre Arbeit, und derer, die Vermögenswerte in das Unternehmen einbringen, und noch weniger von dem Sachapparat, den die einen beistellen und an dem die anderen arbeiten, sondern müssen ausgehen von dem, was unter der Führung von beiden zusammen unternommen wird, oder anders ausgedrückt nicht von dem Unternehmen, wie es als tatsächliches oder rechtliches Gebilde da steht, sondern vom Unternehmen als dem, was da geschieht; der Lateiner hätte dafür die prägnante Formulierung, nicht vom Unternehmen „in facto esse", sondern „in fieri", aber auch der Sprachgebrauch unserer Wirtschaftswissenschaft versucht da einen Unterschied zu markieren, indem er zwischen dem Unternehmen und der Unternehmung unterscheidet.

Tripolares Verständnis des Unternehmens

In Kürze zusammenfassend möchte ich sagen, die unselige bipolare Vorstellung vom Unternehmen im Sinne der Dichotomie von Arbeit und Kapital übersieht den Unternehmer oder richtiger gesagt schließt ihn aus und mit ihm die Unternehmerfunktion, die aus den Materialfaktoren Arbeit und Kapital überhaupt erst das Unternehmen „macht". Das wirkliche Unternehmen ist nicht zweipolig, sondern dreipolig und der dritte Pol, der Unternehmer, ist es, der ungeachtet des nicht ausräumbaren, zwar äußerst gewichtigen, nichtsdestoweniger aber partikulären Interessengegensatzes hinsichtlich der Anteile am materiellen Unternehmenserfolg die unerläßliche Interessenverbundenheit herstellt, die das Unternehmen funktionsfähig macht. Dabei allein kann es aber sein Bewenden nicht haben.

Die Frage, um die es wirklich geht und mit der gerade

der Gedanke der Partnerschaft im Unternehmen steht und fällt, ist die Frage nach Sinn und Ziel dessen, was da unternommen wird. Diese Frage läßt sich rein ökonomistisch nicht beantworten; Sinn und Ziel gehören dem metaökonomischen Bereich an. – Was bedeutet das, was da unternommen wird, objektiv für den Sozialprozeß, wie er sich zwischen der Vielzahl von Haushalten und der Vielzahl von Unternehmen abspielt?

Die Haushalte entsenden ihre im erwerbsfähigen Lebensalter stehenden Mitglieder (physische Personen!) als Produzenten in die Unternehmen; eine Minderheit von Haushalten stellt den Unternehmen Vermögensteile als instrumentale Produktionsmittel bei; alle erwarten als Gegenleistung, von den Unternehmen mit Sachgütern oder Dienstleistungen beliefert zu werden. So ist das Unternehmen kein Selbstzweck; ein als Selbstzweck verstandenes „Unternehmen an sich" ist ein Unbegriff. Ebensowenig ist das Unternehmen zu verstehen als die Begegnung zweier Träger gegensätzlicher Interessen, deren jeder sein Einzel- oder Sonderinteresse auf Kosten des anderen verfolgt. Vielmehr ist das Unternehmen eine Veranstaltung zur Wertschöpfung, um Bedürfnisse oder Wünsche Dritter zu befriedigen. Das Unternehmen dient einer unbestimmten Vielzahl von Nachfragern nach seinen Erzeugnissen und Dienstleistungen. Im Dienst an Interessen Dritter ist der Interessengegensatz „aufgehoben" zwischen denen, mit denen zusammen der Unternehmer etwas „unternimmt".

Motivation

So gesehen bedeutet Partnerschaft im Unternehmen wortwörtlich „sich in diesen Dienst teilen", einander wechselseitig als zu diesem Dienst Zusammenwirkende annehmen. Dafür aber ist entscheidend die Motivation. Förderlich dafür ist offenbar der möglichst gerechte und einsichtige Ausgleich der divergierenden Interessen. Daher denkt man bei Partnerschaft im Unternehmen zunächst meist an Maßnahmen wie Ausbau des Lohnarbeitsverhältnisses in der Richtung auf ein Gesellschaftsverhältnis, an Erfolgsbeteiligung, vergünstigten Erwerb von Anteilen u. dgl. m. Alles das möchte ich unter der Bezeichnung „technische" Voraussetzungen oder Vorbedingungen der Partnerschaft im Unternehmen zusammenfassen; der nicht ausräumbare Interessengegensatz von Arbeit und Kapital wird durch sie entschärft, jedoch nicht „aufgehoben". So erleichtern diese Maßnahmen zwar die Motivation, bereiten ihr den Boden, sind aber kein Ersatz für sie. Wirklich motivierend ist nur die Inspiration, die vom Unternehmer ausgeht, der sich selbst und einen möglichst großen Teil der mit ihm Zusammenwirkenden mit „Sinn und Ziel" dessen, was sie zusammen unternehmen, identifiziert.

Hier zeigt sich denn auch deutlich die völlig verschiedene Bedeutung der Partnerschaft im Unternehmen für die Einsetzer von Arbeit und von Kapital.

Der Vorstand einer Publikumsaktiengesellschaft kennt die Aktionäre nicht und kann sie daher auch nicht „inspirieren". Erst gar, wer Aktien erwirbt, um sie bei erster Gelegenheit mit Kursgewinn wieder zu veräußern, identifiziert sich nicht mit dem, „was da unternommen wird", und läßt sich damit nicht identifizieren; es kümmert ihn überhaupt nicht.

Ganz anders ist die Situation des mittelständischen Unternehmens, wo der Unternehmer zugleich nicht nur der erste Arbeiter im Betrieb, sondern auch sein eigener „Kapitalist" ist. Von den drei Polen des Unternehmens vereinigt er mindestens zwei in seiner Person. Daß er sich mit dem, „was da unternommen wird", identifiziert, ergibt sich geradezu von selbst; bei ihm besteht im Ernst wohl nur die Gefahr, daß er durch überhöhte Entnahmen aus Rücksicht auf seine Familie in Konflikt gerät mit seiner Funktion als sein eigener „Kapitalist".

Wer etwas „unternimmt", nicht um seiner sinnlosen Bereicherung willen, sondern weil er etwas leisten, seinem Leben einen Inhalt geben will, weil die unternehmerische Tätigkeit ihm Freude macht und er seine Erfüllung darin findet, zum Wohlergehen sowohl seiner Mitarbeiter als auch seiner Kundschaft beizutragen, dem kann und wird es gelingen, einen überschaubaren Kreis von Mitarbeitern zu „inspirieren". Je größer das Unternehmen ist, je unpersönlicher die Beziehungen und damit unvermeidlich auch die Mitarbeit für alle diejenigen wird, die nicht dem engeren Führungsstab angehören, um so schwieriger wird es, echte Partnerschaft im Unternehmen zu verwirklichen. Um so größer und schöner ist darum aber auch die Aufgabe, diese Schwierigkeiten zu meistern und auch ein Groß-, ja ein Welt-Unternehmen zu vermenschlichen.

V

Verantwortung für den Menschen

Jede Einrichtung, die hundert Jahre bestanden hat und ihre 100-Jahrfeier begeht, wird einen Rückblick anstellen und, wenn ihre Mittel es ihr erlauben, in Buchform eine Darstellung ihres Werdegangs, vor allem aber ihrer Wirksamkeit, ihrer Leistungen und ihrer Erfolge vorlegen. So tut es auch der „Deutsche Verein". Schon der Titel, unter dem er seinen Rückblick herausgibt, *„Der Deutsche Verein in der Geschichte der deutschen Fürsorge"*, deutet es an und im Vorwort spricht der Vorsitzende es aus: der Deutsche Verein ist nicht nur der Entwicklung gefolgt und mit ihr fortgeschritten; er hat vielmehr selbst zu dieser Entwicklung beigetragen, sie mitgestaltet, ja noch mehr, er hat sie maßgebend mit*bestimmt*. – Aufgabe eines Festvortrags kann es nicht sein, die hundertjährige Geschichte des Vereins, die Eberhard Orthbandt auf 468 Seiten dargestellt hat, auf 25 Minuten zusammenzuraffen. Dagegen scheint es möglich und lohnend, *einer* Entwicklungslinie nachzugehen, die kennzeichnend dafür ist, welchen *Wandel* unsere *Denk*weise in Bezug auf gesellschaftliche Ordnung, menschliches Zusammenleben und insbesondere unsere *Verantwortung* für das Wohl und Wehe unserer Mitmenschen in diesen hundert Jahren durchgemacht hat.

Vortrag, gehalten bei der Feier des hundertjährigen Bestehens des Deutschen Vereins für öffentliche und private Fürsorge in der Festhalle der Stadt Frankfurt/Main am 23. 4. 1980. – Ursprünglich veröffentlicht in: Nachrichtendienst des Deutschen Vereins für öffentliche und private Fürsorge 60 (1980) Nr. 7, S. 227–229

Noch zur Zeit, als der Deutsche Verein gegründet wurde, sah man es in weitesten Kreisen als selbstverständlich an und nahm es als vermeintlich unabänderlich hin, daß nur eine gesellschaftliche Minderheit sich einer gehobenen oder, wie man damals sagte, „wohlsituierten" Lebenslage erfreute, die große Mehrheit dagegen über nicht viel mehr als das Existenzminimum verfügte; nach jahrtausendelanger Erfahrung gab die Produktivität der Wirtschaft gerade so viel her, aber auch nicht mehr; immerhin, so meinte man, reichte es, wenn auch nur knapp, *für alle* aus; Armut als *Mangel* des Lebens*notwendigen* sah man als individuelles Mißgeschick an, das der einzelne als selbstverschuldet auch selbst zu verantworten habe. In säkularisierter Gestalt hatte die ursprünglich puritanische Vorstellung, wonach wirtschaftlicher Erfolg und errungener Reichtum als Zeichen des göttlichen Wohlgefallens und der Auserwählung, Armut dagegen als Makel und Schande galt, sich weithin durchgesetzt, gab den Kreisen „von Bildung und Besitz", wie sie sich selbst gern nannten, ein gutes Gewissen und erlaubte ihnen, auf die weniger Begünstigten geringschätzig herabzuschauen.

Folgerecht hätte man die Armen ihrem vermeintlich selbstverschuldeten Schicksal überlassen können, aber man wollte eben doch nicht, daß die Müllabfuhr jeden Morgen die Leichen der Verhungerten von der Straße auflese und abfahre; man wollte zivilisierter sein und betrieb eine „Armenpflege", die sich dieser liederlichen Menschen annehmen sollte, die offenbar nicht fähig waren, für sich selbst verantwortlich zu handeln und vorzusorgen. Dann aber waren sie noch viel weniger fähig, Verantwortung für die Allgemeinheit zu tragen; demzufolge glaubte man, ihnen, soweit sie überhaupt staatsbürgerliche Rechte besaßen, diese entziehen zu müssen. So kam es dazu, daß man dem, der öffentliche Unterstützung in Anspruch nahm, durch Entziehung der staatsbürgerlichen Rechte die Schande seiner Armut sozusagen öffentlich *dokumentierte.* – Daß diese „Armenpflege", wo sie eingriff, den Maßstab des physiologischen Existenzminimums anlegte, verstand sich von selbst.

Eine solche Härte wäre unerträglich gewesen und wäre wohl auch nicht ertragen worden, hätte es nicht seit Jahrhunderten eine Fülle caritativer Einrichtungen gegeben, die aus religiös fundierter Mitmenschlichkeit (christlicher Nächstenliebe) sich der Kranken, der Waisen, der Blinden, der Alten und Gebrechlichen, der Straffälligen usw. annahmen. Das ist der breite Fächer der „Wohltätigkeit", die neben der „Armenpflege" als zweiter Aufgabenbereich in dem Namen aufgeführt wurde, den der Deutsche Verein bei seiner Gründung sich beilegte.

Ungeachtet der grundlegenden Verschiedenheit, um nicht zu sagen Gegensätzlichkeit zwischen der in ihrer Konzeption geradezu *un*menschlich harten damaligen Armenpflege und der *Mitmenschlichkeit,* von der die Wirksamkeit der caritativen Institute getragen war, gingen beide davon aus, daß Armut und Not jeweils eine *individuelle* Angelegenheit oder Betroffenheit war. Solange das zutraf, reichten auch zur Abhilfe Maßnahmen und Einrichtungen aus, die sich der jeweils individuell eintretenden Fälle von Hilfsbedürftigkeit annahmen. Eben dies aber traf bereits zu der Zeit, als der Deutsche Verein ins Leben trat, nicht mehr zu. Die Erkenntnis dieses Wandels brach sich damals eben gerade erst Bahn; in der *Sozialpolitik* der 1880er Jahre kam sie erstmals zum Durchbruch.

Mit der aufkommenden Industriegesellschaft hatten die Verhältnisse und damit die Bedürfnisse sich grundlegend gewandelt. Die entstehende Industriegesellschaft hatte die Großfamilie zur Kleinfamilie zurückgebildet und damit eine immer größere Zahl von Menschen des Schutzes dieses so überaus leistungsfähigen *und* leistungswilligen Fürsorgeverbandes beraubt; die Kleinfamilie vermochte ihn nicht zu ersetzen. Aber auch die freie Wohltätigkeit oder Liebestätigkeit wäre weit überfordert gewesen, die hier gerissene Lücke zu schließen. So mußten diese Menschen wenigstens für die mit gewisser Regelmäßigkeit und daher als *Massen*erscheinung wiederkehrenden Fälle der Hilfsbedürftigkeit mit *Rechts*ansprüchen auf Hilfe ausgestattet werden; das ist die Geburtsstunde der *Sozialleistungen* auf gesetzlicher Grundlage. Weder die öffentliche Armenpflege noch die freie Liebestätigkeit wurden dadurch überflüssig; vielmehr hat die Sozialpolitik namentlich die letztere davor bewahrt, unter der Überbelastung zusammenzubrechen.

Mit der Einführung *einzelner* eng umgrenzter Rechtsansprüche hat die Sozialpolitik eine *umwälzende Entwicklung* in Gang gesetzt, die im Endergebnis dahin geführt hat, den hilfsbedürftigen Menschen aus der von ihm als demütigend empfundenen Lage als „Almosenempfänger" zu befreien, indem sie ihn mit dem *umfassenden* Rechtsanspruch auf „Sozialhilfe" ausstattete. Nur solange die freiwillige Hilfe nicht nur aus echt christlichem Geist geleistet sondern im gleichen Geist auch *entgegengenommen* wurde, hatte sie dem Helfer keine Versuchung zur Überheblichkeit bereitet und bedeutete für den Empfänger keine Erniedrigung oder Entwürdigung. Diese christliche Einstellung aber war bei den begüterten und daher zur Hilfeleistung fähigen Kreisen weithin durch die geschilderte säkularisiert-puritanische Denkweise verdrängt worden; in breitesten proletarischen Kreisen war sie verblaßt und in Vergessenheit geraten. Als sich nun noch die Erkenntnis der *Menschenrechte* und das Bewußtsein der *Gleichheit aller Menschen* gleichfalls in säkularisierter Gestalt immer mehr verbreitete und durchsetzte, konnte man dem Hilfsbedürftigen nicht mehr länger die Demütigung zumuten, „Wohltaten" entgegenzunehmen, „Almosenempfänger" zu sein. So erschien es geboten, dem von der Sozialpolitik getanen ersten Schritt einen zweiten folgen zu lassen und dem Hilfsbedürftigen für *jede* Not den Rechtsanspruch auf Hilfe einzuräumen. Richtiger allerdings würde man sagen, es sei nun an der Zeit, diesen jedem Menschen kraft seiner Menschenwürde zustehenden Rechtsanspruch in Kraft zu setzen und operational zu machen. Daß es sich hier *nicht* um die letzte Konsequenz des Säkularisierungsprozesses, sondern um die – allerdings zunächst nicht ganz ungetrübte – Wiederbesinnung auf in Vergessenheit geratenes *ur*christliches Gedankengut handelte, das haben die christlichen Kirchen damals leider völlig verkannt und erst viel zu spät begriffen. Sie waren von der Sorge bedrückt, das ebenso *ur*christliche Liebesgebot werde durch die Berufung auf das Recht aus seiner überragenden Stellung verdrängt werden und die aus ihm entspringende Praxis werde zum Erliegen kommen. Ganz unbegründet war diese Besorgnis nicht; auch bei Christen erweist der Rechtszwang sich manchmal wirksamer als die Berufung auf Christi Gebot. Die lautere Liebestätigkeit ist und bleibt immer gefährdet. Manches hätten die Kirchen wohl durch einsichtigeres Verhalten verhüten können; anderes ist in der Sache begründet und daher, so sehr man es bedauern mag, unvermeidlich.

– Daß der hilfebedürftige Mensch für uns nicht bloß

Gegenstand des Mitgefühls ist, dessen wir uns aus Gutherzigkeit annehmen, wenn es uns nicht zuviel Aufwand oder Mühe kostet,

– *daß* wir ihn vielmehr kraft seiner Menschenwürde als Träger eines Rechtsanspruchs achten, dem wir, dem unser öffentliches Gemeinwesen Rechnung zu tragen und *die* Hilfe zu gewähren hat, deren er nach Lage der Dinge zur Abwendung seiner Not bedarf,

– das bedeutet gewiß einen großen und erfreulichen Fortschritt, und an diesem Fortschritt hat der Deutsche Verein ein bedeutendes Stück Mitverdienst.

Heute anerkennen wir nicht nur sogenannte „erdiente", d.i. durch Entrichtung von Beiträgen erworbene Ansprüche auf Sozialleistungen in rechtlich genau festgelegten Fällen und ebenso fest geregeltem Ausmaß, sondern den umfassenden Rechtsanspruch *„dem Grunde nach"*, d.i. auf das, was benötigt wird, aber auch ausreicht, um die Not zu beheben. Und *als* Not anerkennen wir nicht nur den Mangel des zur physischen Daseinserhaltung Unentbehrlichen, sondern den Mangel des für *menschenwürdiges* Dasein Erforderlichen. Was alles zur Menschenwürde gehört und an Ansprüchen aus ihr erfließt, braucht hier nicht vertieft zu werden; unstreitig und unbestritten steht fest, daß unvergleichlich mehr dazu zählt als ausreichend bemessene materielle Subsistenzmittel.

Verwissenschaftlichung und Professionalisierung der Sozialarbeit

Hier soll auf etwas anderes eingegangen werden. Die so umfassend verstandene Sozialhilfe und ihre Verrechtlichung führt unvermeidlich zur Verwissenschaftlichung und damit weiter zur *Professionalisierung* der Sozialarbeit. *Je* vielfältiger, reichhaltiger, aber auch schwieriger zu handhaben die Mittel und Maßnahmen werden, die in den unendlich vielfältigen Fällen des Lebens zur Abhilfe oder Abwendung von Übelständen und Not oder zur Vorbeugung gegen deren Wiederkehr sich anbieten, in Frage kommen, als geeignet, als wirksam, als unerläßlich erkannt und anerkannt werden, *je* genauerer Regelung der Einsatz dieser Mittel und die Art ihrer Anwendung unterworfen werden muß und tatsächlich unterworfen wird, *um so weniger* genügt es, ein gutes Herz zu haben und nach dem, was das Herz eingibt, irgend etwas Wohlmeinendes für den Hilfsbedürftigen zu tun. Schon allein, um mit den heutigen Erkenntnismitteln die Notlage richtig zu diagnostizieren und auf Grund dieser Diagnose die rechte Therapie auswählen zu können, bedarf es eines nur durch langwierige Ausbildung zu erwerbenden Wissens und Könnens. Dazu kommt die unerläßliche Kenntnis der Vielzahl rechtlicher Regelungen, die Aufschluß darüber geben, was zu veranlassen ist, um die jeweils sachlich gebotenen Maßnahmen in Gang zu bringen, und was bei deren Durchführung wieder alles an Rechtsnormen zu beachten ist.

Sozialarbeit als Haupt- und Erwerbsberuf

Worauf ich hier abheben möchte, ist insbesondere dieses. Professionelle Kräfte werden nur ausnahmsweise ihre Tätigkeit als Nebenberuf oder Freizeitbeschäftigung ausüben können; sie üben sie als *Haupt-* und *Vollberuf* aus. Damit ist dieser Beruf notwendigerweise *Erwerbsberuf;* davon macht nur die immer kleiner werdende Zahl derer eine Ausnahme, die unter Verzicht auf eigene Familie in einer religiösen Gemeinschaft wirken, die für ihren Lebensunterhalt aufkommt.

Demnach stellt sich hier unausweichlich die Frage, ob

ein Sozialberuf, ob namentlich die unmittelbare Sozialarbeit es verträgt, als Erwerbsberuf ausgeübt zu werden. Gewiß erfordern auch andere Berufe ein Mindestmaß von Hingabe an die „Sache"; die Eigenart des Sozialberufs ist aber gerade diese, daß seine „Sache" keine andere ist als der *Mensch in Person.* Gewiß gibt es auch „Sozialfälle", die rein bürokratisch erledigt werden können. Benötigt der Hilfsbedürftige nur eine Auskunft, ist seine Not oder Verlegenheit durch einen Schein oder bloßen Stempelabdruck behoben, dann läßt sich das an Amtsstelle unter Einhaltung der Geschäftsstunden erledigen. In den ernsten und schweren Fällen seiner Not braucht der Mensch und erwartet vom Sozialarbeiter nichts dringender und nötiger als *menschliche* Zuneigung, *menschliches* Interesse, mit einem Wort *Mitmenschlichkeit.* In Fällen materieller Not will der heutige Mensch durchaus zu Recht *nicht* Barmherzigkeit, sondern beansprucht sachgerechte und wirksame Hilfe als sein gutes Recht und läßt sich nicht mit Almosen abspeisen. In den heute immer zahlreicher werdenden Fällen *psychischer* Not, *psychischen* Elends, wenn nicht gar Zusammenbruchs pocht auch der heutige Mensch *nicht* auf sein Recht, sondern bettelt und fleht, wenn auch nicht mit Worten, dann um so mehr und um so dringender *stumm* um Erbarmen; ein Helfer soll sich zu ihm herabneigen, soll ihn, den Darniederliegenden aufrichten, soll ihn zu sich auf seine vollmenschliche Höhe wieder hinaufheben. Eine solche Hingabe an den Mitmenschen kann man nicht einmal um Gotteslohn „verkaufen", man kann sie nur selbstlos *verschenken.* Das vermag nur der, dem sein Beruf Herzenssache ist, der darin den Gehalt und die Erfüllung seines Lebens findet. Es mag Berufe geben, die so ausschließlich widerwärtig sind, daß man sich ihnen wirklich *nur* um der Lebensnotdurft willen unterziehen kann, soweit das der Fall ist, sollten die Gewerkschaften alles daransetzen, um diese Widerwärtigkeiten abzustellen, anstatt sie sich durch Schmutz- und andere Zulagen abkaufen zu lassen. Gott sei Dank ist ein Sozialberuf keine solche *widerwillig* um des leidigen Broterwerbs zu tragende Last und darf darum auch nicht als solche hingestellt werden. Ebensowenig aber ist ein Sozialberuf ein „*Traum*beruf" und darf darum noch viel weniger als solcher hingestellt und angepriesen werden. Die Berufstätigkeit des Sozialarbeiters ist alles andere als leicht und vergnüglich; an allererster Stelle muß er auf *Enttäuschungen* gefaßt sein, muß die Bereitschaft und die innere Kraft mitbringen, durch Enttäuschungen sich nicht entmutigen oder gar seine Wirksamkeit sich verleiden zu lassen. Der Beruf mit seinen Mühen und Lasten, mit seinen unausbleiblichen Enttäuschungen muß ihm lieb und teuer, muß für ihn die Erfüllung seines Lebens sein. – Selbstverständlich hat die Gesellschaft, die den Sozialarbeiter so dringend benötigt, die Pflicht, seine hochqualifizierte Tätigkeit auch entsprechend *qualifiziert* zu honorieren – ich sage bewußt nicht „entlohnen", sondern „honorieren".

Die Professionalisierung der Sozialarbeit hat sich zwingend aus der Entwicklung der Dinge und unseres Verständnisses der Dinge ergeben; sie läßt sich nicht rückgängig machen und man sollte sie auch nicht beklagen. Im Zusammenhang mit der fortschreitenden Differenzierung und Verwissenschaftlichung unserer Welt wird sie sich in Zukunft unvermeidlich noch *steigern;* unser deutscher Hang zum Perfektionismus wird noch ein übriges dazu beitragen.

Bleibende Aufgabe der nicht-professionellen Sozialarbeit

Und was bleibt – wenn diese kleine Abschweifung gestattet ist – nach soviel Professionierung für den *Amateur*-Sozialarbeiter noch übrig? Etwas ganz Wichtiges und Unersetzliches. Der Sozialarbeiter soll sich ganz dem Hilfsbedürftigen hinschenken, aber *eines* hat er nicht zu verschenken, nämlich seine *Zeit.* Mit seiner Zeit muß er *geizen,* um sich allen widmen zu können, die ihn brauchen. Den Verlassenen, den Entmutigten, den Geängstigten, den Kranken und den Sterbenden seine *Zeit* zu schenken, dazu braucht es keine hochspezialisierte fachliche Ausbildung; das ist die Aufgabe und das Vorrecht des Nicht-Professionisten, des Sozialarbeiters aus Liebhaberei.

Die Professionalisierung der Sozialarbeit rechtzeitig als notwendig, als zwingend geboten und unvermeidlich erkannt und in die Wege geleitet zu haben, darin sehe ich eines der großen Verdienste des Deutschen Vereins und der ihn tragenden Verbände. Danken und Glück wünschen möchte ich ihm und ihnen vor allem, weil sie in der von ihnen ausgeübten, geleiteten oder inspirierten Bildungs- und Erziehungsarbeit so entscheidendes Gewicht darauf gelegt haben, die beiden so leicht mit einander in Konflikt geratenden Pole *Versachlichung* und Wahrung der *Menschlichkeit* im rechten Verhältnis zu halten, der professionierten und damit mehrheitlich als Erwerbsberuf ausgeübten Sozialarbeit den Charakter selbstlosen Dienstes am notleidenden Menschen zu wahren.

Gewiß ist das nicht die einzige große und gewichtige Aufgabe, die der Deutsche Verein und seine Mitgliedsverbände in das zweite Jahrhundert mit hinübernehmen. Da Sie aber *mich* als Redner zu dieser Festversammlung eingeladen haben, durfte ich Ihnen vortragen, was *mir* heute in besonderem Maße am Herzen liegt. Für *mich* bleibt schon allein um dieser *einen* Aufgabe willen der Deutsche Verein auch im zweiten Jahrhundert seines Bestehens unentbehrlich und unersetzlich.

VI

In eigener Sache

In der Kirche haben sich während meiner Lebenszeit nicht wenige Vorstellungen als überholt erwiesen und sind berichtigt worden; daraus ergab sich von selbst, daß auch ich manche Vorstellungen zu berichtigen, in manchen Stükken nicht nur zuzulernen, sondern auch umzulernen hatte. Ich glaube, daß es mir im wesentlichen gelungen ist, mit dem, was sich diesbezüglich in der Kirche zugetragen hat, ehrlich Schritt zu halten, und daß ich mit dem, was ich denke und öffentliche vertrete, voll im Einklang mit meiner Kirche und ihrer Lehre stehe.

Kapitalismus

In meinem Verhältnis zum „Kapitalismus" haben einige einen grundlegenden Meinungswandel, ja geradezu einen Frontwechsel bei mir wahrnehmen wollen. Der *Sache* nach ist meine Haltung, Einstellung oder Wertung durch alle Jahrzehnte unverändert geblieben. Im *Sprachgebrauch* dagegen liegt in der Tat ein Wandel vor. In meinen ersten Veröffentlichungen – so namentlich in „Kirche und

---

Am 8. Mai 1979 abgeschlossenes und zur Veröffentlichung nach meinem Tode an die Schriftleitung der Monatsschrift „Stimmen der Zeit" eingesandtes Manuskript, von dieser jedoch mit meinem Einverständnis bereits zur Vollendung meines 90. Lebensjahres am 8. März 1980 herausgebracht.

Kapitalismus", Volksvereinsflugschrift 1929 – habe ich aus Loyalität gegenüber der vom Kölner Erzbischof eingesetzten Verständigungskommission und deren als „Kölner Richtlinien" bekannten Vorschlägen mich dem Sprachgebrauch angeschlossen, unter „Kapitalismus" die „auf Kapitalverwendung und Kapitalvermehrung eingestellte Wirtschaftsordnung" zu verstehen. Diese Begriffsbestimmung trifft jedoch für jede nicht völlig stationäre Wirtschaft zu und ist darum nicht geeignet, die Eigenart einer bestimmten Wirtschafts- oder erst gar Gesellschaftsordnung zu kennzeichnen, und trifft schon gar nicht das, was alle Welt, wenn auch noch so diffus, im Sinn hat, wenn man von „Kapitalismus" redet oder über „Kapitalismus" streitet.

Deshalb habe ich diesen Sprachgebrauch schon bald aufgegeben und seither im Sinn von *Götz Briefs* und namentlich *Paul Jostock* jene Wirtschaftsweise als „kapitalistisch" bezeichnet, bei der Kapital und Arbeit in der Weise aufeinander angewiesen sind, daß es zwei verschiedene Gruppen von Personen sind, deren eine (nur) Kapital und deren andere (nur) Arbeit einsetzt, wobei der Wirtschaftsprozeß im Ganzen von seiten derer, die das Kapital einsetzen, organisiert und geleitet wird. Kommt hinzu, daß die Gruppe derer, die über das Kapital verfügen und es einsetzen, die gesellschaftliche Minderheit, dagegen die Gruppe derer, die (nur) über ihre Arbeitskraft verfügen, die weit überwiegende gesellschaftliche Mehrheit bildet, dann verwende ich seither dafür die Bezeichnung „kapitalistische Klassengesellschaft", womit klar *unterschieden* sind einerseits die ethisch indifferente *Wirtschaftsweise*, die lediglich unter der Rücksicht zu würdigen ist, was sie den an ihr Beteiligten leistet und was sie ihnen abfordert, andererseits die eindeutig abzulehnende und zu überwindende kapitalistische *Klassengesellschaft*. An dieser Unterscheidung und unterschiedlichen Wertung, die auch der Enzyklika „Quadragesimo anno" (1931) zugrunde liegt, habe ich ohne jedes Schwanken immer festgehalten; vgl. dazu meine Schrift „Kapitalismus – kritisch betrachtet" (Herder-Taschenbuch 497, Freiburg 1974).

Läßt aus technologischen Gründen die Wirtschaft sich nicht in Ein-Mann-Betriebe auflösen und kann demzufolge nicht jeder an seinen eigenen Produktionsmitteln tätig sein, dann stehen grundsätzlich drei verschiedene Arten, die Wirtschaft zu organisieren, zur Wahl: 1. vom *Kapital* her: „kapitalistische Wirtschaftsweise"; 2. von der *Arbeit* her: „laboristische Wirtschaftsweise"; 3. von *beiden* Seiten her: „partnerschaftliche Wirtschaftsweise".

Ohne die kapitalistische Wirtschaftsweise grundsätzlich abzulehnen oder gar zu verdammen, ohne ihre Überlegenheit über alle ihr voraufgegangenen Wirtschaftsweisen zu verkennen oder gar zu bestreiten, habe ich mehr Zuneigung zu den beiden anderen Wirtschaftsweisen und sähe gerne eine von ihnen, mit Vorzug die partnerische oder partnerschaftliche, verwirklicht, selbstverständlich erst nach voller Sicherung ihrer Funktionsfähigkeit und Effizienz. Dabei hat bei mir immer festgestanden und steht auch weiterhin für mich fest, daß eine Umwandlung nicht revolutionär, sondern nur evolutionär, d.i. nur auf rechtsstaatlichem Weg und mit rechtsstaatlichen Mitteln vor sich zu gehen hat. – Soweit hinsichtlich „Kapitalismus" bei mir ein Wandel besteht, betrifft er ausschließlich den Wortgebrauch in meinen frühesten Veröffentlichungen; was die *Sache* angeht, habe ich zwar immer mehr und mehr zugelernt, aber nicht umgelernt.

In Sachen Sozialismus hat sich meine Überzeugung im *Grundsätzlichen* ebensowenig geändert; in dem Maß jedoch, in dem das Tatsächliche sich wandelte oder ich von neuen oder doch mir bis dahin unbekannt gebliebenen Tatsachen Kenntnis erlangte, mußte ich meine Vorstellung vom *Tatsächlichen* berichtigen.

Daß ein Sozialismus, wie ihn die Enzyklika „Quadragesimo anno" in Anlehnung an die berühmte *Grundlach*sche Begriffsbestimmung in 44 Wörtern (Staatslexikon der Görres-Gesellschaft Bd. 4, [5]1931, 1693) begrifflich umschreibt, zu für den Christen unverzichtbaren Wahrheiten und Werten in unaufhebbarem Widerspruch steht, verstand sich für mich jederzeit von selbst. Dieser und *nur* dieser Sozialismus ist durch Quadragesimo anno als für den Christen unannehmbar verurteilt. Auch die Tatsache, daß an anderen Stellen der Enzyklika noch bestimmte andere Äußerungen oder Erscheinungsformen des Sozialismus gerügt werden, ändert daran nichts. Ob wirklich alles, was in der Welt unter dem Namen „Sozialismus" umgeht, durch die von Gundlach formulierte und in die Enzyklika übergegangene Begriffsbestimmung erfaßt wird, ist offenbar keine Grundsatz-, sondern reine Tatsachenfrage. Zwei Jahrzehnte lang war ich der Meinung, dieser Begriffsbestimmung sei es gelungen, das allen erdenklichen Spielarten von Sozialismus *Gemeinsame* in den Griff zu bekommen, und demzufolge seien denn auch *alle* von der Verurteilung betroffen. Das hat sich jedoch als unzutreffend erwiesen.

In der Zeit des Wiederaufbaus nach dem Zweiten Weltkrieg kam ich in enge Berührung mit Männern, die sich nicht nur mit Überzeugung zum Sozialismus bekannten, sondern in ihm geistig führend waren, die aber den in

Quadragesimo anno verurteilten Sozialismus weit von sich wiesen, ja erklärten, sie verabscheuten ihn ebenso wie der Papst. Demnach gab es also außer dem in Quadragesimo anno begrifflich umschriebenen und verurteilten Sozialismus zum mindesten auch *einen* anders gearteten Sozialismus, der von dem Verdammungsurteil nicht betroffen war, es sich vielmehr zu eigen machte. Meine bisherige Meinung war damit als irrig erwiesen. An dem Urteil von Quadragesimo anno ändert das offenbar nichts; es bleibt nach wie vor zwingend einleuchtend und unumstößlich wahr – in bezug auf *den* Sozialismus, den die Enzyklika genauestens umschreibt und den sie mit ihrem Urteil treffen will. Darauf bestehe ich nach wie vor unerbittlich, bekämpfe allerdings zugleich ebenso entschieden jede Verallgemeinerung dieses Verdammungsurteils.

Ob eine Spielart des Sozialismus, die nicht unter die Grundlachsche, in die Enzyklika übernommene Begriffsbestimmung fällt, mit christlicher Überzeugung vereinbar ist oder nicht, steht nicht im vorhinein fest, sondern ist in jedem Einzelfall unvoreingenommen zu prüfen und nach den eigenen Merkmalen eben dieser Spielart zu entscheiden. Ganz allgemein: soweit einzelne sozialistische (sozialdemokratische) Bewegungen oder Parteien sich wandeln und dieser Wandel zu meiner Kenntnis gelangt, wandelt sich notwendig auch mein Urteil über sie und wird sich, soweit sie nicht tödlich erstarren und ich noch geistig regsam bleibe, auch weiterhin wandeln.

Programme und deren Träger sind deutlich auseinanderzuhalten; ein Programm ist nach den Regeln der Textinterpretation zu analysieren. So habe ich über das Godesberger Grundsatzprogramm der SPD mir das Urteil gebildet und öffentlich ausgesprochen, die wesentlichen Aussagen der katholischen Soziallehre fänden sich darin wieder. Das zu beurteilen erachtete ich mich als qualifiziert; über das Programm als Ganzes sowie darüber, ob die Partei zu ihm steht und ihm nachlebt oder ob sie von ihm abgleitet und andere Wege geht, muß ich mir zwar aus staatsbürgerlicher Verantwortung für mein eigenes Verhalten (beispielsweise als Wähler) gleichfalls ein Urteil bilden; dazu öffentlich Stellung zu nehmen und durch öffentliche Stellungnahme in die politische Meinungsbildung einzugreifen, erachte ich mich *nicht* als berufen und habe es jederzeit denen überlassen, die sich als dazu kompetent ansehen dürfen.

Klassengesellschaft

Ein ganz besonders befremdlicher Meinungswandel wurde und wird mir nachgesagt in bezug auf die Enzyklika Quadragesimo anno und deren Ausführungen über Klassengesellschaft, Klassenlage der Arbeiterschaft und über die zu deren Überwindung erforderliche kämpferische Auseinandersetzung („Klassenkampf").

Eine Verlautbarung der Katholischen Sozialakademie Österreichs (Wien 1974) führte die diesbezüglichen, in Quadragesimo anno ausgesprochenen Erkenntnisse auf *Karl Marx* zurück und berief sich dafür völlig zu Recht auf mich. Dagegen erhob sich lebhafter Widerspruch; man behauptete, davon hätte ich zur Zeit des Erscheinens der Enzyklika und lange Jahre darüber hinaus noch nichts gewußt; man witzelte über diese absonderliche Entdekkung eines nicht mehr ganz ernst zu nehmenden alten Mannes. Daran ist so viel richtig, daß diese meine Aussage in meinen Veröffentlichungen erst verhältnismäßig spät belegt ist, soviel ich sehe erst 1952.

Auch bei *Gustav Gundlach*, der diese Erkenntnisse in die katholische Soziallehre eingebracht hat, ist die Bezugnahme auf Marx in dem zu seinen Lebzeiten erschienenen Schrifttum nicht belegt, sondern erst in Band zwei der nach seinem Tod von der Katholischen Sozialwissenschaftlichen Zentralstelle in Mönchengladbach unter dem Titel „Die Ordnung der menschlichen Gesellschaft" veranstalteten Sammlung seiner Werke in dem Aufsatz „Zur Geistesgeschichte der Begriffe Stand – Klasse" (191–204); laut Herausgeber-Fußnote Teil einer bis dahin unveröffentlichten, 1929 (!!) in Berlin entstandenen Studie. Nicht nur Gundlach und ich, sondern auch die aufgeschreckten Leser seiner berühmt gewordenen Klassen-Artikel im Staatslexikon der Görres-Gesellschaft (Bd. 3, [5]1929) haben von Anfang an diese Erkenntnisse als auf *Marx* zurückgehend angesehen. Daß sie nicht von *Franz von Baader* oder anderen katholischen Gelehrten, sondern von Marx her in die Enzyklika eingegangen sind, steht dadurch unumstößlich fest, daß ich zu der Zeit, als ich sie in die Entwurfsfassung von Quadragesimo anno einbrachte, von diesen katholischen Autoren überhaupt nichts wußte; heute kenne ich sie dem Namen nach, habe aber auch bisher noch keine Gelegenheit gefunden, von ihren Schriften Kenntnis zu nehmen.

Die Quelle für das, was diesbezüglich in Quadragesimo anno steht, daran ist nicht zu rütteln, ist *Karl Marx;* ist er nicht, wie ich unbezweifelt annahm, die Erstquelle, sondern nur abgeleitete Quelle, dann habe ich mich insoweit bis 1974 im Irrtum befunden und bekenne diese meine Unwissenheit. Wenn ich 1952 beklagt habe, daß die „zutreffende Zergliederung und Entlarvung der kapitalistischen Klassengesellschaft nicht von einem christlichen Sozialwissenschaftler unter dem Antrieb der christlichen Liebe, christlichen Gerechtigkeits- und Wahrheitssinnes geleistet worden ist", dies vielmehr „einem Atheisten und Materialisten vorbehalten (blieb), der seinen atheistischen

Materialismus ... hineinverwob" (Wörterbuch der Politik, Bd. 5, 240), dann ist der zu beklagende Sachverhalt nur *um so schlimmer* und ich muß meine Klage dahin berichtigen, daß die von katholischen Sozialwissenschaftlern gelieferte Analyse, die nach *Meßner* (in: Kirche und Staat, Festschrift für Fritz Eckert, 1976, 416) „die Marxsche Analyse bis ins Detail vorausnahm", in der Kirche unbeachtet geblieben ist und erst ein Atheist und Materialist kommen, sie mit seinen weltanschaulichen und anderen Irrtümern verquikken und in dieser verzerrten Gestalt vorlegen mußte, um ihr Beachtung zu erzwingen.

An dem, was in der Enzyklika Quadragesimo anno steht, ändert sich dadurch nichts; ebensowenig daran, daß Karl Marx für die katholische Soziallehre der *große Gegner* ist, dem sie ihren Respekt erweist, indem sie sich mit allem Ernst und in aller Härte mit ihm auseinandersetzt.

Berufsständische Ordnung

Noch ein eigenes Wort zu dem, was sich in der Enzyklika Quadragesimo anno unter dem Namen „Berufsständische Ordnung" ausgeführt findet. Für diese Ausführungen wie auch insbesondere dafür, daß sie in die Enzyklika aufgenommen worden sind, trage ich die Verantwortung und habe mich in aller Öffentlichkeit dazu bekannt; so in dieser Zeitschrift 187 (1971) 289–296, hier 293, und in „Die Neue Gesellschaft" 18 (1971) 304–310, hier 307; wiederabgedruckt in „Wie sozial ist die Kirche?" (Düsseldorf 1972) S. 121 f. bzw. 132. Auch die angesichts der eingetretenen und unausrottbar gewordenen Mißverständnisse unbestreitbar unzulängliche Darstellungsweise fällt mir allein zur Last. Seit dem Tod Pius' XII., der mehrfach darauf abgehoben hatte, ist in kirchenlehramtlichen Dokumenten nur noch einmal darauf Bezug genommen (in „Mater et magistra", Ziff. 65). Unter diesen Umständen darf man von mir eine Aussage erwarten, wie ich heute darüber denke.

Den sozialphilosophischen Grundgedanken halte ich nach wie vor für unbedingt *richtig*. Eine Ordnung der Gesellschaft wie die heutige, für deren Struktur das ökonomische Merkmal des Besitzes bestimmend ist und damit ihr Gepräge von der Wirtschaft her erhält, sollte überwunden werden; an deren Stelle sollte eine echte *Gliederung* funktioneller Art treten, das ist in gesellschaftliche Gruppen, die jeweils eine bestimmte, für das Wohl des Ganzen benötigte Leistung erbringen („Leistungsgemeinschaften"). Ähnlich wie der demokratische Staat verfassungsmäßig darauf angelegt ist, das freie Zusammenwirken aller Staatsbürger zum Gesamtwohl zu gewährleisten, so wäre es Aufgabe dieser Gliederungen, in demokratischer Selbstverwaltung *alle*, die kraft ihrer Berufswahl einer von ihnen angehören, zu dem *ihr eigentümlichen Beitrag* zum Gemeinwohl zusammenzuführen.

Daß eine solche gesellschaftliche Ordnung in idealtypischer Reinheit jemals verwirklicht wird, habe ich nie angenommen; ich glaube aber, daß manche Anzeichen auf fortschreitenden Abbau der gleichfalls nie in idealtypischer Reinheit bestandenen kapitalistischen Klassengesellschaft und auf eine Entwicklung in der Richtung auf *mehr funktionale Gliederung* hindeuten.

Mein Urteil über Wert und Unwert der Enzyklika Quadragesimo anno hat manchmal geschwankt; es stand unter dem Einfluß des Wandels der Zeiten. Von Anfang an war ich von ihr nicht voll befriedigt, versprach mir aber von ihr erhebliche und gedeihliche Wirksamkeit, die jedoch – ganz abgesehen von den unseligen Mißverständnissen um „Sozialismus" und „Berufsständische Ordnung" –

durch die Zeitereignisse (Machtergreifung des Nationalsozialismus, Zweiter Weltkrieg) weitgehend vereitelt wurde. Obwohl meiner Meinung nach das Wesentliche, das in Quadragesimo anno gesagt ist, auch heute noch nicht nur zutrifft, sondern auch noch aktuell ist, bin ich mir klar darüber, daß man heute mit dieser Enzyklika nichts mehr ausrichtet; sie „kommt nicht mehr an". In diesem Sinn habe ich gelegentlich geäußert, Quadragesimo anno sei tot.

Zutreffend hat man festgestellt, daß es mir schwergefallen und vielleicht niemals restlos gelungen ist, der Nachfolgerin von Quadragesimo anno, der Enzyklika „Mater et magistra", vollkommen gerecht zu werden. Wer einmal mit Quadragesimo anno völlig identifiziert ist wie ich, dem muß man gegenüber Mater et magistra ein gewisses Maß von Befangenheit zugute halten.

Mitbestimmung

Einem Lernprozeß hatte ich mich zu unterziehen in Sachen der Mitbestimmung. Was ich 1932 in meinem Kommentar zu Quadragesimo anno zu der einschlägigen Textstelle (Ziff. 65) geschrieben habe, ging noch von der herkömmlichen Vorstellung aus, die Mitbestimmung der Arbeitnehmer auf dem Weg über die Vermögensbeteiligung am Unternehmen herbeizuführen. Erst später ist mir die Erkenntnis aufgegangen, daß damit das wahre Anliegen verfehlt wird. Seinen Anspruch auf Mitbestimmung leitet der arbeitende Mensch aus seiner *Arbeit* her; nicht als kleiner Anteilseigner („Kapitalist") will er mitbestimmen, sondern ausgesprochenermaßen und betont auf Grund seiner Arbeitsbeteiligung. Glücklicherweise findet sich im Enzyklikatext keine Spur oder Andeutung der die

Sache gar nicht treffenden Fehlvorstellung, ein Musterbeispiel dafür, wie ein Text klüger sein kann als sein Urheber.

Bereits im Vorwort zu Band 2 von „Wirtschaft und Gesellschaft heute" (1957) und nochmals im Vorwort zu meiner Aufsatzsammlung „Mitbestimmung – wer mit wem?" (1969) habe ich auf diesen Wechsel meines Verständnisses der Mitbestimmung aufmerksam gemacht. Aber damit war der Lernprozeß noch nicht abgeschlossen. In meinem Beitrag zur Festschrift für *Otto Kunze* (hrsg. K. Ballerstedt, E. Friesenhahn, O. v. Nell-Breuning, Berlin 1969) unter der auf manche Leser vermutlich abschreckend wirkenden Überschrift „Rechtsformzwang für Großunternehmen?" habe ich geschildert, wie uns, das ist einem Kreis wissenschaftlicher Berater, bei unserer Arbeit an Rechtsfragen der Mitbestimmung zu guter Letzt „die Augen aufgingen" und wir erkannten, daß sinnvollerweise nicht das *gegenständliche* Unternehmen, das ist das in ein Rechtsgewand gekleidete, unternehmerisch genutzte *Vermögen,* Gegenstand der Mitbestimmung ist, sondern das *personal* verstandene Unternehmen, das ist – in der Sprache der Pastoralkonstitution des Konzils „Gaudium et spes" ausgedrückt – der *Verbund* der Vermögen oder Arbeit zum gemeinsamen Wirtschaftsvollzug einsetzenden *Menschen.* Dieser Beitrag, der zu spät erschien, um noch in „Mitbestimmung – wer mit wem?" aufgenommen zu werden, findet sich wiederabgedruckt in meiner Aufsatzsammlung „Aktuelle Fragen der Gesellschaftspolitik" (Köln 1970, 224–239) und nochmals in „Soziale Sicherheit?" (Freiburg 1979, 106–120).

Um mich zu widerlegen, sind mir gerade zur Mitbestimmung unvorstellbar törichte Meinungen zugeschrieben worden; meist genügten ganz unscheinbare Änderungen meiner Wortfassung, um aus Sinn blühenden Unsinn zu machen; schade um die Druckerschwärze und das Papier, die daran verschwendet wurden. Schmerzlich dagegen mußte ich den gegen mich erhobenen Vorwurf empfinden, ich verstieße gegen „Gaudium et spes" Ziff. 43, Abs. 3, wo festgestellt wird, wenn Christen bei gleich gewissenhafter Prüfung zu unterschiedlichen Meinungen kommen, welche Lösung einer konkreten Frage gerade in christlicher Schau der Dinge den Vorzug verdiene, dann habe niemand das Recht, die Autorität der Kirche ausschließlich für sich und seine Meinung in Anspruch zu nehmen. Dagegen zu verstoßen hatte ich um so weniger Gelegenheit, als ich immer wieder genötigt war klarzustellen, daß kirchenlehramtliche Verlautbarungen immer grundsätzlicher Art sind, praktisch-konkrete Lösungen oder Lösungsvorschläge weder bieten können noch wollen, vielmehr den Rahmen abstecken, innerhalb dessen die Suche nach Lösungen sich zu halten hat. Etwas völlig anderes ist die *Interpretation* kirchenlehramtlicher Verlautbarungen. Bei Meinungsverschiedenheiten über deren Auslegung nimmt jeder Interpret *unvermeidlich* den Text mit seiner Autorität für die Meinung in Anspruch, die er in ihm findet oder zu finden glaubt. Inzwischen scheint die Kontroverse um die Auslegung von „Gaudium et spes" sich erschöpft zu haben; dazu ist offenbar nichts Neues mehr zu sagen. Das gilt insbesondere von der Kontroverse über „das Wörtchen *‚etiam'*" (in GS 68, Abs. 1, letzter Satz), dem dort eine ähnliche Schlüsselrolle zukommt wie dem neuerdings berühmt gewordenen *„jedenfalls"* in der Begründung des Urteils des Bundesverfassungsgerichts vom 1. März 1979 in Sachen Mitbestimmung (Teil C III 1.b, bb).

Wenn ich meinerseits nicht nur in Fragen der Mitbestimmung, sondern ganz allgemein, wenn es galt, mich für berechtigte Ansprüche oder Forderungen einzusetzen, immer seltener mich auf die Lehrautorität der Kirche bezogen und das Schwergewicht mehr und mehr auf die Sachgründe gelegt habe, so nicht deshalb, weil ich die moralische Autorität der Kirche heute geringer einschätzte als früher, sondern um diese Autorität nicht *nutzlos* dem entwürdigenden Interessentengezänk auszusetzen, wo jeder doch nur das gelten läßt, was ihm paßt. Vertiefte Klärung der Sachfragen, wie das Bundesverfassungsgericht sie in seiner vorerwähnten Urteilsbegründung geleistet hat, dient der guten Sache bestimmt wirksamer; dortselbst meine eigenen Gedanken – umgegossen in die Fachsprache des Verfassungsrechts – an entscheidender Stelle wiederzufinden, war für mich eine ganz besondere Freude.